もうヤダこんな後輩！

先輩のための後輩トリセツ

長塚孝子 著

株式会社きんざい

はじめに

たくさんの書籍のなかから、この本を手にとってくださって、ありがとうございます。

私は、人材研修の講師として、主に企業内研修のお手伝いをしています。声をかけてくだされば、全国どこへでもうかがいます。

研修先では、受講生のみなさんの話をよく聞くように心がけています。求められているものを知るためです。ある研修先でのことです。その研修は、後輩指導を任されたリーダー向けのものでした。リーダーたちは、私に悩んでいることを次々に打ち明けました。

・うまく教える自信がない
・相手に伝わっているのか不安になる
・こちらが何を言っても相手の反応がない
・相手にやる気がまったく感じられない
・こちらの話を上の空で聞いている
・反抗的な後輩との接し方がわからない

リーダーたちは、自信を失い、どう後輩と接したらいいのかすら、わからなくなっていました。そのときに気づいたのです。「そうなんだ！　みんな同じなんだ」。

銀行員から講師に転身したばかりの頃、私は研修が終わるたびに落ち込んでいました。研修担当の人に「わかりやすくて、よかったです」と言ってもらえても、モヤモヤしたものが残り、納得できませんでした。「それならどうして受講生は反応してくれないの？」。研修先からの帰り道は、自分への愚痴とため息ばかり。研修のたびに、こうした思いは募っていきました。「もう行きたくない」と思った日もありました。

だからといって、せっかく依頼してくださった仕事を放り投げることはできません。やがて、ストレスから体調を崩してしまいました。

研修で出会ったリーダーたちの姿は、教えることに悩み苦しんでいた新米講師の頃の私そのものでした。悩んでいたのは私だけではなかったのです。

いまでも、納得のいく教え方ができているわけではありません。でも、少し先を歩いている私の体験が、あなたの役に立つことを願って、この本を書きました。

私の銀行員時代を振り返ってみると、「なんで私が、こんな後輩の指導をしなきゃならないのよ」と、よく腹を立てていたものです。しかし、長年、人材研修に携わってきてわかったことがあります。それは、「人を育てることは、自分自身を育てること」になるということです。後輩を育てるために悩んだ時間は、知らないうちに自分自身を育ててくれていたのです。

本書では、これまで出会ったリーダーたちの悩みを事例にして、「どうして後輩はそういう言動をしたのか」「どうやって後輩とコミュニケーションをとったらいいのか」を一緒に考えていきたいと思います。

後輩にいらだったり、あきれたりしているだけでは、決して悩みは解決しません。ときには、後輩の言動を変えるために、先輩であるあなたの対応を変える必要もあるかもしれません。「なんで私が変わらなきゃいけないのよ。変えるべきは後輩じゃないですか」と思う人もいるでしょう。しかし、現実的なアプローチを考えてみると、相手を変えるのは困難です。確実にできることは、相手ではなく自分を変えることです。これは、後輩指導に悩んでいた銀行員時代に、身をもって感じたことです。こういう本音のことを伝えるのも、一歩先を歩いている私の役割かなと思っています。

本書では、コラムも書いてみました。わが家で飼っているセキセイインコの「ピーちゃん」と「アイちゃん」の話です。ときどき友人のインコや、私が出会った動物たちの話も出てきます。コラムでは、主にインコたちのコミュニケーションを紹介しています。何かのヒントになればいいなあと思って書きました。
　インコの話を読んで、インコにも興味をもってもらえたら、とてもうれしいです。どうしてかって？　それは、いつかあなたとどこかでお会いしたときに、あなたとインコの話をしたいからです。

平成二十七年十二月
長塚孝子

もくじ

第3章 教え方に悩む

第4章 コミュニケーションに悩む

第5章　指導に悩む

第1章　褒め方に悩む

■褒め方に悩む

悩み1－1

「褒めて育てろ」って言うけど、
褒めるところがありません。
いったい何を褒めたらいいいんですか？

ところで、あなたのいいところは？

欠点を気にしすぎているとか？

私の恥ずかしい体験をお話しします。私は学生時代、「ネズミ女」というあだ名をつけられたことがあります。『ゲゲゲの鬼太郎』の「ネズミ男」をもじったのです。前歯が大きかったために、そう呼ばれました。自分でも気にしていたので、すごいショックでした。

銀行に就職して2年目に窓口担当になりましたが、このあだ名が頭にこびりついていたため、大勢の人と接する窓口の仕事は苦手でした。顔を上げることに抵抗感があり、「お願いだから私の窓口にこないで」と、うつむいて祈っていたものです。

そんなある日、先輩から「もっと元気を出して」と注意されました。仕方なく、昔、ネズミ女と呼ばれて、前歯を気にしていることを話したところ、先輩からは思ってもいなかった言葉が返ってきました。

「あら？　私はビーバーみたいで、かわいいと思っていたわよ」

「かわいい」という言葉は、私にとって魔法の言葉となりました。それからは自分に自信がもてるようになったのです。欠点や短所のない人はいません。でも、長所と短所はコインの裏表のようなもので、光のあてかたで見え方が違います。それを教えてくれた先輩にはいまでも感謝しています。

ところで、後輩の褒めるところが見つからないということですが、もしかしたら、後輩の悪い面が強く印象に残ってしまって、よい面がみえなくなってしまっているからじゃないかしら。後輩の褒めるところを見つける前に、あなたに三つの質問をします。○か×で答えてください。

①自分のことが好きですか？
②自分のことをすてきだと思いますか？
③自分のいいところを五つ以上あげられますか？

どうでしたか。すべてに「○」と即答できましたか？　けっこう悩んだり、「自分のいいところなんて五つもない」などと思ったりしたんじゃないかな。

　自分のいいところがわかっていて、自分のことを好きだとポジティブに考えられる人は、周りの人に対してもポジティブにみることができます。褒めるところもすぐにみえるでしょう。

　まずは、自分自身をポジティブにみることから始めてみませんか。最初に、自分の長所、得意なこと、強みなどをいっぱい書き出してみてください。他人がどう思うかではなく、自分がどう思うかですよ。どんなささいなことでもオーケーです。

次に、自分の短所や不得意なこと、弱みなどを書き出してください。書けたら自分のマイナス部分を、見方を変えてプラスにしてみましょう。たとえば「決断力に欠ける」というマイナスは、「物事を判断する際、さまざまな要素を熟慮することができる」に、「自分の意見がない」は「協調性があり、人の意見に共感できる」に、「わがまま」は「意志が強く、他人の意見に流されない」にするという具合に大変身させます。

さて、マイナスをプラスに変換したものを、最初に書き出した「自分のいいところ」と合わせてみましょう。ねっ、あなたはなんて魅力的なんでしょう！

さあ、自分をポジティブにみることができたところで、いよいよ後輩のいいところを探してみます。同じ作業をして、後輩のいいところをあなたなりに見つけてみましょう。どうですか、褒めるところがみえてきたんじゃないかな。

目標を低くしてみたらどうですか

もっと気楽に考えてみてもいいんじゃないかな。抜群の仕事をしたときに、褒めようと思っていたら、褒めるチャンスなんてめったにないものです。社長賞や頭取賞を授与するわけではないので、もっと気軽に考えてもいいと思いますよ。たとえば、教えられたとおりにきちんとできたり、日々の小さな目標をクリアできたりしたときに褒めるとか。だって、教えたことをすぐにできるだけで、すごいと思いませんか。小さな目標でもいいじゃない、きちんとクリアできれば立派なものだと思います。

たとえ、目標をクリアできなかったとしても、褒めるチャンスはあります。「前はまったくできなかったのに、よくここまで一人でできるようになったね」などと、進歩したことを褒めてあげたり、「準備は完璧だったね」「取り組む姿勢がいいね」などと、努力したことを褒めてあげたりするのはどうかしら。

後輩は、新しい環境、新しい人間関係、新しい仕事と日々格闘しています。そこでがんばっているだけでも大変なんです。あなたにしてみればできて当たり前のことでも、後輩にとってみればどれもすごいことだと思います。かつてのあなたもそうだったでしょ？　自信をつけてあげるためにも、なんとか褒めてあげましょうよ。

ピーちゃんを褒めて

　セキセイインコにも性格があります。私が飼っているインコのアイちゃんは部屋のカーテンを閉めて暗くすると、自分から鳥かごに戻ります。ところがピーちゃんは、「ピーちゃん、おうちに入るから、おいで」と声をかけても、カーテンレールの上を右に左にトコトコ走って逃げ回ります。

　そのようなときは、「ピーちゃん、いい子、いい子」と褒めながら指をさし出します。すると、その指にピョンと飛び乗ります。指先に乗ったピーちゃんの頭やくちばしを指でそっとなでると、小首をかしげ、目を閉じてうっとりします。まるで「褒められてうれしい」とでもいっているようです。

　ピーちゃんに私の言葉がわかるはずはありません。でも、優しい声のトーンやしぐさで、大切にされていることがわかるのだと思います。たくさん褒められたピーちゃんは、鳥かごに帰っていきます。

■褒め方に悩む

悩み1—2

後輩を褒めても、やる気や責任感につながりません！

褒めるのと
お世辞は違いますよ

リップサービスはノーサンキュー

人はだれでも褒められれば、うれしくなりますよね。自信がつき、やる気も出ます。そうならないとしたら、後輩は褒められたと感じていないいんじゃないかしら。

知人から、手話は、表情豊かに話さないと相手に伝わらないという話を聞いたことがあります。たとえば「怒っている」という手話をあいまいな表情ですると、ちょっと怒ってみただけなのか、すごく怒っているのかわからないからです。

また、その知人からはこんな話も聞きました。知人は、ボランティアの手話サークルに参加していました。公民館での勉強会の後、ファミリーレストランでお茶会をするのですが、あるろうあ者はその知人がいくら話しかけても答えてくれなかったといいます。その状態が半年も続き、知人は「どうして答えてくれないんだろう。なぜ、僕の手話は伝わらないのだろう」と悩んだそうです。ある日のお茶会の席で、ついにそのろうあ者が知人の疑問に答えました。

「あなたは、手話をしているつもりだろうけど、私には何も伝わらない。そもそも、あなたの顔の表情からは、私と会話したいという思いがまったく読み取れないじゃないか。あなたは、心底私と会話したいなんて思ってないでしょ」

まさに図星でした。知人はショックを受け、そして目が覚めたとも言いました。

「会話は、ただしゃべれば通じるものだと思っていたけれど、そうじゃなかったんだ。言葉の内容よりも、声の抑揚や、顔の表情や、身ぶり手ぶりなど全体から、私が何を言いたいのかを理解しようとしていたんだ」と私に話してくれました。続けて「でも、何よりも思い知ったのは、私がそのろうあ者と話したいと思っていないのを見抜かれたことなんだ。話したいという気持ちがないのに話しかけることがどれほど失礼なことかわからなかったんだ」と言いました。

この知人の話は、私にとっても大きな気づきになりました。人を褒めるときにも、同じことが言えるんじゃないかしら。心の底から「褒めたい」と思って褒めないと、絶対、相手には伝わりません。そればかりか、口先だけの褒め言葉は、「私に何か押しつけようとしているんじゃないか」と疑われたり、「見え透いたお世辞はやめてよ」と軽蔑されたりするかもしれません。

口先だけの褒め言葉はお世辞です。心からたたえてこそ褒め言葉になります。お世辞は、相手を気持ちよくすることはできても、自信を与えたり、成長させたりすることはできません。小さいことでも、きちんと相手のいいところをみつけて、「心から」褒めてあげてください。

褒め上手は育て上手

心から褒めていることを伝えるためには、相手にわかるように工夫することも大切だと思います。「目は口ほどにものを言い」と言いますが、目、口、手というように身体全体で褒めてあげてください。「そんな恥ずかしいことはちょっと」と思うかもしれませんが、野球でホームランを打った選手をハイタッチで褒めたたえているシーンをみたことがありますよね。あれですよ。

そうはいうものの、いつもハイタッチでは、さすがにわざとらしくみえてしまいます。褒め方にもバリエーションが必要です。たとえば付箋や一筆箋を使ってみるのはどうかしら。ちょっと一言を書いて机に貼っておく。こんなサプライズも案外うれしいものです。朝礼など、大勢の前で褒めるのも効果的ですね。「お客さまがあなたを褒めていたわよ」などと、第三者からの褒め言葉を伝えるのもいいと思います。

褒め言葉そのものにも磨きをかけてください。たとえば、「すごいじゃない」「さすがだね」という抽象的な表現は、褒められた側にしてみると何がすごいのかわからないので、あまりピンとこないものです。どこがよかったのかを具体的に褒めてください。

そして、できれば状況に応じて、「ちょっ

と褒める」「普通に褒める」「思いっきり褒める」というように褒め言葉を使い分けたいものです。そのためには、一度、辞書を引いて褒め言葉を書き出し、整理してみるのもいいんじゃないかしら。あなたの褒め言葉をふやしてくださいね。

プラスのひと言が大事

私は、人から期待されると、いつも以上に張り切っちゃいます。あなたもそうじゃないかしら。それだったら、褒めてあげるときに、さらにがんばりたくなるように、「期待感」や「次の目標」を伝えながら褒めてあげるようにするのはどうかな。きっとやる気や責任感につながると思いますよ。

「あなたに期待しています」と面と向かって言うのは恥ずかしいでしょうが、本当に期待しているなら、勇気を出して言葉で伝えてあげてください。このときに注意してほしいのは、過度な期待や目標は後輩にとってプレッシャーになってしまうことです。後輩のレベルに合った期待感や目標が大事です。

ところで、あまり言われていないかもしれないけれど、指導係に任命されたということは、あなたが先輩として周りの人に期待されている証拠だと思いますよ。後輩のためにいろいろ考えて、本まで読んで勉強するなんて、あなたはとってもいい先輩ですね。

【ワンポイント・アドバイス】

>>> 責任感につながる褒め言葉

「頼りになるわね」「任せて安心だわ」「やればできるじゃない」「あなたの力が必要なのよ」「あなたなら絶対大丈夫」「あなたに任せて正解だったわ」「どこに出しても恥ずかしくないわ」「あなたとまた仕事がしたい」「あなたが言うなら間違いないわね」「これからも助けてちょうだいね」「前よりすごく成長したわね」「あなただから頼むのよ」「これからも期待しているわよ」

カメをみてあげてください

「いおワールドかごしま水族館」のジンベエザメが飼育されている黒潮大水槽の前は、いつも大勢の人でにぎわっています。ジンベエザメの悠然とした泳ぎにはひきつけられるものがあります。しかし、いちばん私の印象に残ったのは、小さな水槽に入っていた赤ちゃんカメです。

「赤ちゃんカメ、元気に泳いでいます。がんばっています。みてあげてください」

飼育員さんのこの一言で私は足を止めました。みると、本当にがんばって泳いでいました。小さなカメに気づく人は少なく、声をかけられなければ私もあやうく見過ごすところでした。そのかわいらしい姿に、思わず携帯のカメラを向けたところ、飼育員さんは、カメたちに向かって「写真に撮ってもらえてよかったね」と話しかけていました。カメたちはがんばっても、それをアピールすることができません。飼育員さんは、カメに代わって、がんばっているのを周りの人に伝えてあげていたんですね。

行動とご褒美はワンセット

小鳥の飼育本には、「何か行動したときに、褒めてご褒美をあげると、その行動とご褒美を結びつけて覚える」と書いてあります。ご褒美につられて、行動するようになるのはピーちゃんやアイちゃんにも（そして私にも）当てはまります。

彼らへのご褒美は、大好きな食べ物です。しかし、実は食べ物よりも好きなご褒美があります。ピーちゃんは、くちばしへのチューや、頬で羽根をスリスリしてもらうことが大好きです。こうしてあげると、うれしがり「もっと、もっと」と近寄ってきます。ピーちゃんに喜ばれると私もうれしくなります。うれしさの連鎖です。

アイちゃんは、かまわれたくないタイプのようで、同じようにしようと顔を近づけると逃げてしまいます。かむクセがあるアイちゃんへのご褒美は、好きなだけかませてあげることです。鳥かごのなかには、アイちゃんがかんで細くなった木のかけらが転がっています。

同じセキセイインコでも、好きなご褒美は異なります。

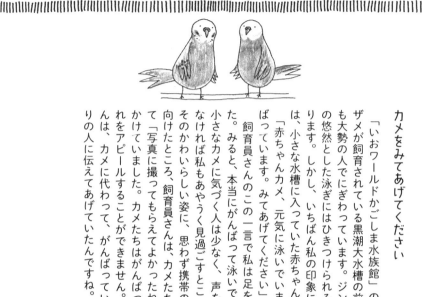

■褒め方に悩む

悩み1―3

私は褒められたことがないので、後輩を褒めて育てろと言われても、どうやって褒めたらいいのかわかりません

「あなたがいて助かった」って言われたことはないの？

感情がヒントになります

うーん。本当に褒められたことがないのかしら？　もしかして忘れちゃったんじゃないのかな。あるいは、褒められたことがないって思い込んでないですか。仕事に限らず、趣味とか自分の周りで起こった出来事を含めて考えてみれば、きっと褒められた経験はあると思います。

「ありがとう」「助かったよ」と言われたことが思い浮かばなかったら、ワクワク、ドキドキと感情が高揚したときのことを思い出してみてください。そのきっかけは何だったのかしら。

私の記憶にいまでも残っているシーンをご紹介します。それは、小さなお客さまから声をかけられたときのことです。私は窓口係をしていました。小学校３年生ぐらいのお子さんだったと思います。

「この前、おばあちゃんと一緒に銀行に来たとき、お姉ちゃんいなかったけど、どうしたの？」

１週間の連続休暇後のことでした。私はこの小さなお客さまの顔に覚えがなく、名前も知りませんでした。でも、きっと少し会話をしたのでしょう。それで私のことを覚えていてくれたようです。小さなお客さまが精いっぱい背伸びして、カウンター越しにニコニコと顔を出して、話しかけてくれた姿を思い出すたび、温かい気持ちになります。

私は、直接褒められたわけじゃないけれど、自分のことを覚えていてくれたことが、すごくうれしくて、褒められたような気持ちになりました。私のことを気にかけてくれる人がいると思うと幸せな気持ちでした。

人の幸せは、次のときに感じると聞いたことがあります。

- 愛されたとき
- 褒められたとき

・役に立ったとき
・人に必要とされたとき

もちろん、人によって価値観は異なるでしょうが、こうして並べてみると、幸せって、仕事を含めて人と人との関係のなかで感じられるものだと思いませんか。せっかく一緒に働くのですから、お互いに幸せを感じられるようなかかわり方ができたらステキですよね。

ドラマやCMでは、悩んでいる人に一声かけて、缶コーヒーを渡すシーンをよく見かけます。コーヒーを渡した人も渡された人も笑顔になります。私も研修中に、受講生からアメやチョコなどをいただくことがあります。品物もうれしいのですが、その気持ちにうれしくなります。お互いが幸せになるかかわり合いっていいですね。

まずは、感謝の気持ちを表す「ありがとう」から始めてみたらどうかしら。あいさつをしてもらったら「気持ちのいいあいさつをありがとう」、何か作業をしてもらったら「一緒にやってくれてありがとう」という具合です。

「ありがとう」を気軽に言えるようになったら、「うれしいわ」「助かるわ」「あなたのおかげよ」などと、いたわりやねぎらいの言葉をかけてあげてください。もうあなたは褒め上手になっているはずです。

自分を認めてくれて、きちんと「ありがとう」と言ってくれる、そんなあなたがそばにいる後輩は幸せ者ですね。

【ワンポイント・アドバイス】

幸せを感じられる言葉をいくつかご紹介します。参考にしてみてください。

>>> 比較した褒め言葉

「そういうところは、同期のなかで一番じゃない?」
「あなたにしかできない仕事ね」
「いなくなったら大きな痛手だわ」
「頼りにしているから、休まれたら困るわ」

「ほかの人にあなたを見習ってもらいたいわね」

「前はすごく時間がかかっていたけど、いまは30分かからないものね。成長したね」

「1カ月前は一人でできなかったことが、いまは人に教えられるんだから、よくがんばったわね」

「1年目なのにもうここまで仕事できるようになったんだね」

「こんなにできることがふえたんだね」

「簡単そうだけど、みんなできないことなんだよ」

>>> 仕事以外の言葉がけ

「〇〇さんには人を引きつける力があるわね」

「ムードメーカーね。あなたのおかげで職場の雰囲気がよくなったわ」

「あなたの笑顔には癒やされるわ」

「気配りができるわね」

「私が学んだことは全部教えてあげるからね」

ねぎらいも褒め言葉

2009年2月、オーストラリアで史上最悪規模の山火事が発生しました。その消火活動の際、脚をけがしていたコアラを、消防士が見つけて救出したという記事が新聞に掲載されました。

コアラは、消防士がペットボトルの水を差し出すと、続けざまに3本飲み干したそうです。記事の写真をみると、コアラは消防士を見つめ、右手は助けてくれた消防士の手のひらに置いています。消防士はほほ笑みをうかべ、「よくがんばったね。本当に助かってよかったね」と話しかけているかのようです。

会話はありませんが、気持ちが通じ合っていることが見て取れます。相手を認めてあげたり、ねぎらってあげたりすることも、褒めることなのだと気づかされた出来事でした。

■褒め方に悩む

悩み1―4

後輩を褒めても、笑顔になったり照れたりしないので、しらけてしまいます

私はマイクの持ち方を褒められちゃったわ

きっと陰で喜んでいますよ

せっかく褒めてあげたのに、ガッカリしちゃうよね。でも、もしかしたらその後輩は、実はすごくうれしかったのかもしれませんよ。私の妹は昔からそんな感じです。褒められても「別に」とか「ふうん」とか言っていながら部屋に戻ったら、うれしそうにゴロゴロ転げまわっています。「素直じゃないヤツ」と思いますが、そういう表現をする人もいるんです。

きっと喜ぶだろうと思って、後輩の反応を期待するから失望するんだと思います。「他人は自分と違うので、反応も違って当たり前」ということをしっかり頭に入れておくことが大事です。

最近の新人たちは、メールに慣れているせいか、直接面と向かって会話したり、伝え合ったりするのが、とても苦手なようですね。これは研修をしていて強く感じます。たとえば、いくら一生懸命に伝えても、彼らはほとんど反応してくれません。ウンともスンとも言わず、うなずくわけでもありません。これって、講師にとってはけっこうこたえます。

ところがですよ、受講生のアンケートを読んでみると、「とってもよかった」「明日から実践したい」などと書いているから不思議です。「なんだ、ちゃんと伝わっているじゃないの」とホッとします。面と向かって表現するのが得意じゃない世代なんですね。そうだと思えば、イライラしたり、ガッカリしたりしなくてすむんじゃないかな。

演歌歌手って褒め言葉？

私は、研修後のアンケートで、「講師のマイクの持ち方がよかった。演歌のカラオケを歌っているような感じで、みていて楽しかったです」と褒められたことがあります。私としては、研修の「内容」や、私の「姿勢」「態度」を褒めてほしかったのに、「えっ、そこですか？」という感じでした。だって、マイクの持ち方ですから。

　私がマイクの持ち方を褒められてあぜんとしたように、もしかしたら、あなたに褒められた後輩は「そこじゃないんだよね～」と思ったのかもしれません。もし、そうなら後輩が反応しなかったとしても仕方ないですね。がんばったところ、自慢したいツボをきちんと押さえて褒めてあげないと、私みたいにあぜんとされます。

　褒めるチャンスを見逃さないためにも、そして褒めるツボをはずさないためにも、後輩のいいところを見つけるつもりで、日頃から「みる」ことが大事だと思います。

　ただし、漠然と「見る」のはダメですよ。眉間にしわを寄せて観察するように「観る」のもちょっと怖いかな。やはり、看護師さんが病気の人を手当するときのような、温かいまなざしで「看る」のがいいんじゃないかしら。

気合3連発でいきましょう

もうひとつ考えられるとしたら、褒め方がたりなかったということかな。恥ずかしがっていたら伝わりません。気持ちを込めて、本当にもうこれでもかというぐらいに褒めてあげてください。それこそアニマル浜口さんの気合3連発のように、「褒めるぞ、褒めるぞ、褒めるぞ」と気合をいれて褒めれば、さすがに後輩も反応するはずです。

最後に、もうひとつアドバイス。それは褒めるタイミングです。忘れたころに褒められても、何のことを言われているのかピンときません。ドンピシャのタイミングで褒めてこそ相手に伝わります。もし、忙しくてその瞬間に褒められないとしたら、取りあえず「よかったね。後で詳しく話を聞かせて」とか、「後で一緒に見直してみよう」などと、ちょっと一言かけておくのもいいでしょう。

いい子いい子の輪唱

ピーちゃんたちは、一人から褒められるよりも、家族みんなから褒められたほうがうれしいようです。ですから、わが家では、「ピーちゃん、いい子」「アイちゃん、いい子」の輪唱です。

知人はコザクラインコを飼っています。名前はフィーフィーです。フィーフィーは玉乗りができます。ティッシュを丸めてあげると、それに乗ってオイッチニと玉乗りの動作をするそうです。みんなで手をたたいてあげると、目が輝きさらに玉乗りがうまくなっていったそうです。でも、飼い主が飽きて、玉乗りしているフィーフィーに関心を示さなくなったら、フィーフィーも玉乗りをやめてしまったそうです。フィーフィーは玉乗りが好きだったわけではなかったんですね。

とことん褒められたい

「いおワールドかごしま水族館」には、錦江湾（鹿児島湾）につながる「イルカ水路」があり、イルカたちが遊んだりトレーニングしたりするようすを間近にみることができます。横浜の運河しか知らない私にとって、泳いでいる魚をみることができる運河にびっくりです。

その日は、大人の大きなイルカと幼い小さなイルカがジャンプの練習を繰り返していました。大きなイルカは3メートル超のジャンプを連発していましたが、小さなイルカはまだ練習を始めたばかりらしく、1メートルもジャンプできません。

それでも飼育員さんは、幼いイルカがジャンプするたびに、ご褒美のエサをあげ、一生懸命に褒めていました。頭から背中にかけて、なでながらとことん褒めていました。ハグしているようにもみえます。幼いイルカはうれしくて、なかなか飼育員さんから離れようとしません。その姿に、「あそこまで人を褒めてあげたことがあったかしら」と考えさせられました。

第2章

注意の仕方に悩む

■注意の仕方に悩む

悩み2―1

忙しいときにミスされたので、怒ったら後輩に逆ギレされました。気を使わなかった私が悪いのでしょうか？

あなた悪くないですよ。でもね……

般若顔をチェック

よくわかります。だれだって忙しいときにミスされたら、「まったくもう！　仕事をふやさないでよ」と言いたくなってしまいますよね。

私は、研修のときに、演歌『捨てられて』の歌い出しの「でもね　あの人　悪くないのよ～」をマネすることがあります。あなたの話を聞いていて、この歌が思い浮かびました。ミスした後輩は、注意されて当然です。でもね、後輩にしてみれば逆ギレした理由があったのかもしれません。

忙しいときに足を引っ張られれば、人間ならだれしもカッとなります。しかし、その感情を相手にぶつけてしまうと、相手の反発をかってしまいます。この後輩は、あなたに怒られたことで、「責められた」と受け取ったのではないかしら。いくら相手に落ち度があっても、相手を注意する際には、自分の感情をコントロールしないといけません。

それでは、怒ったときの感情をどうコントロールしたらいいのか考えてみましょう。よく知られているのは、「カッとなったと思ったら、次の言葉を発するまでに1、2、3、4、5、6と六つ数を数える」という方法です。クールダウンの方法は、人それぞれです。自分に「落ち着け、落ち着け」と言い聞かせるのもいいでしょう。私の友人は、「怒った顔のままトイレに行って、鏡で般若のような自分の顔を眺める」といいます。自分の怒りに満ちた顔のしわや目つきをみると、自然にクールダウンできるそうです。なお、この友人の後輩たちは、トイレに行く前の彼女の般若顔をみているので、トイレに行っている間、おびえているためか、クールダウンした先輩の指導をきちんと聞くそうです。

苦情・クレーム対応マニュアルには、「場所」「時」「人」を変えて対応することと書かれていますが、これは怒ったときの後輩指導にも応用できますので、試してみてください。

反発される注意の仕方

先輩には、後輩を注意して育てる役目があります。せっかく後輩のためを思って注意しても、反発されて嫌われるだけでは、むなしくなりますよね。そこで、よくない注意の仕方をいくつかあげてみますので、参考にしてください。

①ついでにあれこれ注意する

何かミスをして注意を受けていたら、いつの間にか「そういえば、この前こんなことがあった、あんなこともあった」と、過去のミスや仕事の仕方など、ついでにあれこれ注意する人がいますが、これは注意が長時間になるので、す

ごく嫌われます。注意する際は「ついで叱り」は絶対にしないように気をつけてください。

②なぜ注意するのかがあいまい

これも困ります。注意された後輩にしてみれば、なぜ自分が注意されたのかを明確に言ってくれないと、直しようがないばかりか、言いがかりをつけられたと思われかねません。注意するからには、注意する理由を、きちんと伝えましょう。

③好き嫌いで注意する

後輩は、先輩たちのことをよくみています。相手によって注意したり、しなかったりすると、「なんで自分だけなの」という不公平感を抱きます。せっかく注意してあげても、強い反発をまねくことになりかねません。

このほか、気をつけてほしい注意の仕方をいくつかあげます。当てはまるかどうか、チェックしてみてください。

□だらだらと同じことを繰り返す
□自分の保身や都合が透けてみえる
□感情的になる、冷静さを失う
□人格を否定するような物言い
□何がどういけないのか説明がない
□失敗やミスの指摘だけでアドバイスがない
□「ダメ、ダメ」と否定形で指摘
□一方的に注意や指摘をする
□気分で注意したり、しなかったりする
□気まずい雰囲気がしばらく続く

アイちゃんがかみつく理由

アイちゃんは、出たがっているときに、すぐ鳥かごから出してあげれば、おとなしく指先に乗ってきます。でも、私にだって都合がありますので、いつもそうはいきません。しばらくたってから出してあげることもあります。

そういうときは、決まって私の指を思いっきりかんでから指先に乗ります。「なんてことをするのよ！」「もう出してあげないから」と怒りたくなります。

私にしてみれば、アイちゃんの態度は自己中心的で反抗的にみえますが、アイちゃんにしてみれば、気持ちが通じないイライラや、かまってほしい気持ちの表れなのかもしれません。態度の背景にある気持ちを思うと、かわいがってあげたくなります。

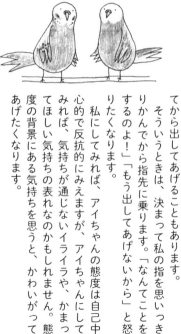

■注意の仕方に悩む

悩み2－2

後輩に注意したら、陰口を言いふらされました。もうめんどうをみたくありません

もしかしてお互いさまだったりして

ストレス発散じゃないの

まさに「恩をあだで返す」とはこのことですね。腹が立つし、がっかりしてめんどうをみたくなくなります。まずは深呼吸して、少し気を落ち着けましょう。

さて、仕事をしていると、どうしてもストレスや不満がたまるものです。居酒屋などで、仕事帰りのサラリーマンが上司や先輩の陰口を言って、ストレスを発散させているのをあなたもみたことがあるでしょ。陰口を言っても何も解決しないけど、だれかに話したい、聞いてもらいたいという気持ちはわかりますよね。

ただの陰口なら、ひとつのストレス発散方法なので、あまり気にしないことです。平然として、懐の深いところをみせてあげましょう。第一、あなたのことをちゃんと理解している上司なら、後輩が何を言っても真に受けないと思いますよ。

それとも悪い先入観がある？

しかし、ちょっと気になるのは、後輩のために注意してあげたのに、悪くとられて陰口を言いふらされたことです。

理不尽な注意でないかぎり、後輩だって注意された自分に落ち度があることぐらい、頭ではわかっていたはずです。それでもこういう態度をとったということは、感情の部分で素直に受け入れられなかったからじゃないのかな。つまり、注意された内容ではなく、注意した人を受け入れられなかったのだと思います。

マイナスのイメージをもっている人から言われたことは、自分のためになる忠告であっても、嫌みを言われたと受け止められてしまいます。「坊主憎けりゃ袈裟まで憎い」と言いますが、マイナスのイメージがあると、何でもマイナスにとられてしまいます。もしかしたら、後輩はあなたにマイナスのイメージをもっていたのかもしれませんね。

完璧な人なんていません。自分では気づかないうちに、人を傷つけたり不快に思わせたりしてしまったのかもしれません。後輩との溝を埋めるために、その原因を探してみるのもいいでしょう。勇気を出して、仲のよい友人に「私の直したほうがよいところはどんなところ？」と尋ねてみてください。自分では気づかない自分を発見することができるかもしれません。

マイナスのイメージに引っ張られるのは、後輩だけとはかぎりません。先輩もそうです。仲のいい後輩に注意するのと、気に食わない後輩に注意するのとでは、注意の仕方、言い方などが、無意識のうちに違ってくるものです。

この先輩と後輩の悩みの背景には、コミュニケーション不足があるように思います。コミュニケーションというのは、お互いの考えや思いなどを、いろいろな手段で理解し合う

ことです。普段から相手の話をよく聞いたり、こちらからもよく話したりして、意思疎通をよくすることが、マイナスのイメージを解消することにつながっていくと思います。

最後に、私の陰口に関する失敗体験をお話しします。新入行員時代の更衣室でのことです。失敗続きで落ち込んでいた同期に、「大丈夫だよ、私も先輩に怒鳴られてばっかりだよ」と励ましていたら、運悪く私の先輩がロッカーの裏で聞いていて、「私そんなに怒鳴ってないからね！」と怒ってしまいました。それ以降、私は先輩たちからしばらく無視されてしまいました。

いまにして思えば、同期を励ますためとはいえ、「先輩に」と言ったのは完全に失敗だったと思います。励ますのなら、「私もまだまだだと思うことの連続だよ」とか「私も失敗ばっかりだよ」と「自分」のこととして言えばよかったのです。なお、私の場合は、間に入ってくれた人が両方の言い分を聞いてくれたことと、先輩におわびしたことでなんとか解決しました。

【ワンポイント・アドバイス】

陰口を言われないためには、注意の仕方にも気を配りたいものです。いくら後輩のためでも、注意の頻度が高いと、後輩も嫌になり、きつく感じてしまいます。

注意をするうえで、「時間をかけて」「少し距離をおいて」を実践するための方法として、交換日記形式のＯＪＴノートを活用してみるのはどうかしら。面と向かって注意すると、声のトーンや抑揚に感情が入ってしまいますが、文章にすれば内容だけを慎重に伝えられます。互いにマイナスのイメージをもっていると感じたら、文字で伝えてみてください。

叱りだしたら止まらない

知人のコザクラインコのフィーフィーの話です。あるとき、フィーフィーを鳥かごから出してあげようとしたら、ガブリと指をかまれたそうです。散々出してほしい合図を送っていたのに無視していたから、かんだようです。

コザクラインコはくちばしの力がとても強く、知人はあまりの痛さに、叱ってしばらく出さないようにしたそうです。すると、さらにいじけてかみつくようになり、また出してあげない。叱る↓反抗する↓さらに叱る。この悪循環が繰り返され、知人のフィーフィーは、しばらくいじけてしまったそうです。

■注意の仕方に悩む

悩み2―3

注意すると後輩から嫌われそうです。職場の人間関係まで悪くなると嫌なので注意できません

嫌われない注意の仕方もありますよ

あなたは飛行場の管制官です

人気テレビ番組『笑点』の司会者　桂歌丸師匠は、ご自分の師匠から「褒める人間は敵と思え。教えてくれる人、注意してくれる人は味方と思え」と言われたそうです。その意味を歌丸師匠は次のように話しています。

「人は褒められるとうれしくなっちゃうでしょ。自分にとっていい言葉や、褒めてくれる人には好感をもちますよね。でも褒められると、そこで成長が止まってしまうんです。褒めるということは、木の根っこを断ち切るのと同じことなんです。逆に、教えてくれたり、注意をしてくれたり、叱ってくれたりする人は、いわば木の根っこに水を注ぎ、肥料を与えてくれる人なんです」

この話を聞いて、「注意することはすごく大事だなあ」とあらためて思いました。

「注意」というのは、間違った方向にいかないように、軌道修正してあげるためのもので、飛行場の管制官による誘導みたいなものだと思います。ちゃんと軌道修正してあげないと、事故につながってしまいます。

後輩から嫌われることを不安に思っているようですが、そもそも嫌われるのも先輩の役割だと思います。注意すれば、「口のうるさいおつぼねさまだわ」と陰口を言われるかもしれません。でも、口うるさく言ってくれる人がいなかったら、気がつかないことってたくさんあると思いませんか。

注意したときは嫌われたとしても、後になって「あの先輩があのときに言ってくれたおかげでいまの私がある」と、気づいてもら

えればいいんじゃないかしら。それもカッコいいじゃないですか。だから、ときには「この後輩のために、うるさいおつぼねさまになるんだ」という覚悟をもつことも必要だと思います。

私はよく研修で、「『勇気玉』をもって後輩を注意してあげよう」と話しています。「人間は、赤ちゃんのときに右手に勇気、左手に元気を握って生まれてきた」という話を聞いたことがあります。せっかく、勇気と元気をもっているんだから、ここはひとつ後輩のために勇気を出してあげましょうよ。

嫌われない注意の仕方

後輩に注意したくない理由を先輩たちに聞いてみると、「うまく注意できないから」という悩みもあるようです。

注意して相手を導くのは、カンタンではありません。あなたが心配しているように、嫌われてしまうリスクもあります。でも、これができるようになったら指導する立場として本当に一流ですよ。だって、褒めて成長させられるだけでなく、注意して成長させることもできるんですから。あなたは指導者として職場になくてはならない存在になります。「嫌われそう」「人間関係が」という不安もあるでしょうが、一歩踏み出してがんばってみてください。あなたが後輩のために、勇気を出して注意していることは、きっと周りの人もわかってくれているはずです。

【ワンポイント・アドバイス】

注意をする際に、嫌われないようにするには、どうしたらいいのか、そのヒントをいくつかご紹介します。ポイントは、自分が注意されたときにどう思うかです。

①否定せずに提案する

「ダメ」と否定するのではなく、「こういうふうにしたらいいんじゃない?」などと、ソフトに提案形式で注意してみる方法もあります。

②考えてもらうようにする

「じゃあ、どうしたら今回のことは防げたのかな?」「次に、もしこういうことがあったら、どうする？」「来年はあなたが後輩に教える番よ。あなたなら後輩にどう言うのかしら、ちょっと考えてみて」というように、後輩に解決策を見つけてもらうようにする方法もあります。

③気づいてもらうようにする

仕事は、自分ひとりで完結できるものもありますが、多くはチームプレーで成り立っています。一人のミスは全体に影響します。「あなたの仕事は、ここととつながっているから、うまくいかないと、連携しているあの人たちが困ることになるの」というように説明し、チームプレーの意識や責任感に気づいてもらうのも大事です。

④相手に合わせて注意する

人にはいろいろなタイプがあります。プライドが高い人は、人前で注意されると、反省どころか反発してしまいます。このような人には、個別に注意することが肝心です。しかし、なかには人前で注意されたことをバネにしてがんばる人もいるからおもしろいものです。前向きな人なら、人前で注意することで、全体にもいい影響（引き締まる）を与えます。いずれにしろ、相手に合わせて注意の仕方を変えるようにしましょう。

⑤冷ややかな表情での注意はＮＧ

自分のために注意してくれているのかどうかを、後輩は先輩の表情から感じ取ります。感情的なまま注意すると、顔色、目つき、口元等の表情、しぐさなどに怒りや冷ややかさが出てしまいます。後輩を導くためにすることを再度確認して注意するように心がけてください。

⑥バリエーションで注意する

相手の社会人年数、理解度、性格にもよりますが、新人向けには「褒めて、叱って、褒める」という方法が有効です。これは「サンドイッチ型」といわれています。たとえば、「ここがよかったね。でも、あそこに気をつけて直すともっとよくなるよ。がんばろうね」というパターンです。注意に耐性のある中堅相手なら、「叱って、褒める」というパターンも有効です。バリエーションは相手の状況に応じて使い分けましょう。

ピーちゃん冷蔵庫に入る

鳥は空を自由に飛べる翼をもっています。かつて、小さな鳥かごに入れておくのはかわいそうだと思い、一日中放鳥していたときがありました。ピーちゃんは幸せそうでした。しかし、人間の生活空間で暮らすピーちゃんにとって、必ずしも自由がいいわけではないことを思い知る事件がありました。ピーちゃんの姿がみえなくなったのです。どこを探してもいません。なんと、いつのまにか冷蔵庫に入っていました。ピーちゃんは好奇心が強く、明るいところが大好きなので、ちょっとした隙に入ってしまったようです。危なく凍死するところでした。

このときは、冷蔵庫に入ってはいけないと叱り、鳥かごに入れました。ピーちゃんは、私の言葉はわかりません。しかし、冷蔵庫の近くにいくと、鳥かごに入れられて、楽しくなくなるというパターンは理解できます。完全に自由にさせておくと、大きな事故に遭うかもしれません。私はピーちゃんを守るために、危ないことをしそうなときは、叱って鳥かごに戻すなどして、ダメなことを教えるようにしました。

悩み2－4

後輩を注意すると、
嫌そうに返事したり、
次の日に休んだりします。
どうしたらいいいんですか

フォローで変わるかもしれませんよ

それが「ゆとり世代」です

私も新人の頃は、注意されて不機嫌な返事をしたことがあります。でも、さすがに休むことはなかったですね。だって、翌日先輩から何を言われるかわからないじゃないですか。怖くて休むなんて考えられませんでした。

でも、いまの新人は平気で休んじゃうんですね。そういう後輩に、社会人としての責任について説いても、馬耳東風かもしれません。もし、「私は新人の頃は風邪をひいても休まなかったわよ！」なんて言おうものなら、「何それ。自慢してるの？」などと、後輩から反感をかうだけです。なぜ、いまの後輩たちはこのような対応をするのでしょうか。

昔の遺跡に「最近の若い者は…」という愚痴が書いてあった、という有名な笑い話がありますが、毎年ずっと新入社員は「新人類」とか「宇宙人」とやゆされてきました。学生時代の人間関係は、友達やサークル仲間などいわゆる「ヨコの関係」ですが、社会人になると上司、同期、取引先などが絡んだタテ・ヨコ・ナナメの関係となります。いつの時代も、新入社員は人間関係の変化に戸惑い、その関係づくりの未熟さゆえに、敬語が使えなかったり、仕事より私事を優先させてしまったりして、周りをびっくりさせてきました。そんな新入社員たちも、組織のなかで経験を積み、今度は自分が新入生を「宇宙人みたい」と嘆く立場になっていきます。いままでは、そうでした。

しかし、「ゆとり世代」と称されるいまの新人たちは、独自の「ゆとり教育」に基づいて育ってきたため、価値観がこれまでと大きく異なります。この世代を指導するためには、その価値観を理解し、認めることが必要です。

「納得」がゆとりのキーワード

ゆとり教育は１９８７年生まれから段階的に始まっているので、もしかしたら先輩のなかにも「ゆとり教育」を受けてきた人もいるかもしれませんね。そういう人のほうが、きっと私よりもこの世代の後輩との付き合い方がうまいかもしれません。でも、「ゆとり世代、わからないわ」と思っている先輩もいるでしょうから、少しその特徴を一緒に考えてみましょう。

いわゆるゆとり世代の特徴のひとつは、他人の目をあまり気にしないことです。翌日に休んだら他人にどう思われるのか、同僚に迷惑をかけることになるのか、などはあまり気にせず、注意された↓つまらない↓だから行かない、というように自分の主観や感情を基準にして行動する傾向があります。

また、携帯電話やインターネット検索を多

用してきたため、長い文章を読むことに慣れていなかったり、深く考える習慣がなかったり、年長者との会話ができなかったり、気が向かないことにはチャレンジしない、などの特徴もあげられています

だからといってゆとり世代をすべて否定するわけではありません。「ゆとり」の時間に、自分の好きなことや得意なことを探し、自分が納得できる価値観をもつ人間を育てる、これが「ゆとり教育」の目指すところです。ソチオリンピックでは、この世代の選手たちが大活躍しました。

こうしたゆとり世代に対しては、①教えることを厳選する、②任せる業務を明確にする、③その後輩と仲のいい先輩とペアを組ませ、模倣から学ばせる、などが有効です。彼らは、いったん仲良くなると、なれ親しみ従ってくれます。

倒産、合併、早期退職などに翻弄（ほんろう）された父親世代をみてきた彼らは、いつ切れるかわからない希薄な会社の上下関係よりも、価値観を同じくする「仲間」を大切にする傾向があります。ある意味、純粋と言えますね。ですから、後輩が「この先輩は自分を理解し、心配してくれる人だ」と納得すれば、とてもよい関係が築けると思います。まずは、後輩に興味をもつところからはじめてみてはいか

がでしょうか。

受け身を教えてあげましょう

さて、あらためて先輩の悩みをみてみましょう。注意された後輩が不機嫌になったのは、納得していなかったからかもしれません。何か反論したかったのかもしれません。それを聞いてあげるべきだったのかもしれません。

しかし、だからといって、ふてくされるようでは社会人とはいえません。先輩としては、「自分の気持ちを伝えたければ、まず人の言うことをきちんと受け止めることが大切です」と後輩に教えてあげる必要があります。たとえば、後輩を納得させる言い方として、こんなのはどうですか。

「あなたには、よくなってほしいと思うから注意しているのに、私からみると真剣に聞いてくれているように思えないわ。あなたも私に言いたいことがあるだろうけど、あなたが私の立場だったらどう？　自分の話を真剣に聞いてくれない後輩の話を聞こうと思うかしら」

会社は多様性を重んじています。価値観の違う相手ともうまく付き合わなくてはなりません。後輩には、上手な注意の受け方も教えてあげてください。

【ワンポイント・アドバイス】

>>> 上手な注意の受け方

・注意を受けるときは、否定・反論をしないで、謝罪し、きちんと受け止める姿勢を示す
・相手の目をみて、うなずきやあいづちをして、返事ははっきり相手に聞こえるようにする
・注意を受けた原因を振り返り、ときには指導を仰ぐ
・注意を受けたことに感謝する
・注意を受けた後は、いつまでも引きずらない。同じ失敗を繰り返さない

>>> 注意を受け止める言葉

・「申し訳ございません」「ご迷惑をおかけしました」など、素直にわびる

・「おっしゃるとおりです」と受け止める
・「ご指導ありがとうございました」「以後、気をつけます」と反省や感謝を伝える

叱っても繰り返すだけ

アイちゃんが、かんだりかじったりするのは、巣作りの本能があるからかもしれません。ピーちゃんもアイちゃんをまねて、アイちゃんほどではないですがかじります。2羽で家中をかじられたらたまりません。

2羽がかじっているのを見つけると、大きな声で「ダメ！　やめなさい」と叱りますが、効果はありません。叱られた瞬間は、びっくりしてかじるのをやめますが、キョロキョロ周囲を見回して、またすぐにかじりだします。そして、「ダメでしょ！」の繰り返しです。

言葉で言っても、良しあしがわからないアイちゃんには、追い払ったり、鳥かごに戻したりすることで、かじったら自分が心地よくない状態になること、言い換えると「心地よい状態を取り上げられる」ことを関連づけて覚えさせ、やってはいけない行動を教えるしかありません。大声を出して叱っても、アイちゃんに嫌われたり、信頼関係が壊れたりするだけなのです。

ごめんなさいポーズ

最近、ピーちゃんは叱られると「ごめんなさい。反省しています」と言っているかのようなポーズをします。いたずらをしたときに「ピーちゃんダメ！」と叱ると、いつもは、ピョン、ピョン飛び跳ねているピーちゃんが、神妙に首を垂れて、4、5秒間じっとします。

その「ごめんなさいポーズ」をされると、なんでも許したくなってしまいます。「よしよし、いい子ね」と、叱っているのか、褒めているのかわからなくなってしまいます。ピーちゃんの脳には、叱られたときは↓ごめんなさいポーズをする↓褒められる、とすりこまれたのでしょう。でも、そのポーズはどこで覚えたのかなあ、不思議です。ぜひアイちゃんにも、うまい叱られ方を教えたいものです。そうしたら叱っても、すぐフォローしたくなりますものね。

■注意の仕方に悩む

悩み2―5

後輩を注意すると、すぐに泣いてしまいます。周りに私がいじめているように思われないか不安です

よくあることです。ハンカチを差し出してあげましょう

だって免疫力が弱いんだから

そうよね、泣かれたら困っちゃいますよね。事情がわからない人がみれば、あなたが泣かせているようにみえるかもしれません。不安に思う気持ちはよくわかります。でもね、いまの新人たちは大なり小なりこんなもんですよ。

これは、少子化が進んで一人子がふえたこととも関係があると思いますが、叱ったり注意したりせずに、ひたすらかわいがる親がふえているそうです。教師は、モンスターペアレントによる理不尽なクレームに悩み、生徒が忘れ物や宿題をやってこなくても叱らないという話すら聞きます。親や教師に叱られた経験がないいま社会人になった新人たちは、叱られることに対する免疫がありません。ですからすぐ泣いてしまいます。

昔、涙は女の武器と言われましたが、最近は男もすぐ泣くようです。ですから、この世代の特徴だと思って、泣いても驚かないこと。そう思えば、少しは気持ちが楽になって「じゃあ、泣きやむまで待とうか」と思えるんじゃないかしら。

その涙はどっちでしょうか?

ある銀行でロールプレーイング研修をしたときのことです。窓口係役の演技に対して、私がコメントをしたのですが、その人は私の顔をじっとみて涙を流しているんです。「あれっ、泣かしちゃったかしら」とドキドキしました。気になって、休憩時間に声をかけたところ、「自分でやりたいと思っていたことができずに、自分が情けなかったんです」と話してくれました。

後輩が泣いたときは、①先輩から注意されたショックからのものか、②ふがいない自分を情けないと思ったからのものか、に分けて対応を考えてみたらどうでしょうか。どちらの涙なのかは、普段から後輩を近くでみているあなたならわかると思います。前者なら動じずハンカチを差し出し、後者なら仕事の経験を積むことで泣かなくなりますので、応援してあげましょう。

すぐ泣く後輩への対処法

方法としては二つあります。まず一つ目は、なるべく後輩に泣かれないようにすることです。

窓口係のセールス研修をしていると、窓口担当者の多くが「セールスは嫌い」と言います。そう思っている窓口担当者は相当数います。その理由を聞くと、「セールスして断られるとヘコんじゃうから」と言います。先輩たちも「ノー」という否定に弱いようです。

冷静に考えてみてください。お客さまは、セールスした窓口係を拒否したのではなく、商品を断ったのにすぎません。しかも、お客さまはいろいろな事情があって断ったのです。それなのに、まるで自分自身を否定されたように感じて落ち込んでしまうのです。

これと同じように、注意の仕方によっては、後輩の行動を注意しているだけなのに、後輩は自分自身が否定されたように受け取って泣き出してしまうことがあります。注意の仕方を工夫する必要があります。何気ない言葉でも、叱られ慣れていない後輩にしてみれば、人格を否定されたと受け取ってしまうかもしれません。

たとえば、「あなたって人はもう！」などと、嫌気が感じられるような表現は「私は嫌われているんだ」と思われかねません。また、「この前も、その前も同じミスをして、もう何度言ったらわかるのよ」などと、しつこい表現を使うのも避けるべきでしょう。後輩に「私

は先輩にバカだと思われている。もうダメだ」と思われます。

二つ目の方法は、後輩に泣かれても、周囲から誤解されないように、根回ししておくことです。具体的には、指導方針を上司と相談して決めるのも一案です。後輩を指導するにあたって、「後輩にはこんなふうになってもらいたい」とか、「こんなふうに教えたい」という大まかな指導方針を立て、それを周囲に理解してもらっておけば、あなたの指導によって後輩が泣いたとしても、周りは「いまはこういうことをやっているんだな」とわかってくれます。そればかりか、「つらい役回りだけどがんばってね」と、あなたを応援してくれるかもしれませんよ。周りの人を巻き込んでいくことは、とても大事です。

ストレス解消法

そうはいっても、後輩に泣かれればストレスになります。それが続けば、あなたがストレスに負けてしまうかもしれません。そうならないようにあなたに合ったストレス解消法をみつけてください。ちなみに私は、ストレスがたまると、ようかんを1本食いしますが、胸焼けしますので、あまりお勧めしません。

以前、私が受講生の立場で、ある講義を受けたときの話です。講師が受講生にストレス解消法をリストアップさせました。「お酒を飲む」「カラオケで歌う」「気のおけない友人と一晩中話す」など、一人ずつ発表してもらったのですが、ある男性は、もう流れるように30個くらい立て続けにストレス解消法をあげるではないですか。彼は「俺しか知らないビルの隙間があって、そこからスッゲーきれいな夕焼けを背負った富士山がみえるんだよ。疲れなんてふっとぶぜ！」という具合です。あと100個くらいはすぐあげられると言いました。

その人は茶髪で、言葉づかいもよいとはいえず、服装もヤンキースタイル。「私と話が合わなそうだなあ」と思っていた人でした。建築関係の人で、話してみると話題が豊富でおもしろく、尊敬できる人でした。彼によると、自分しか知らないことは、なんでもストレス解消につながるのだそうです。ぜひ、あなたも秘密のストレス解消法を見つけてください。

私なりのリラックス法

ようかんの1本食い以外の、私のリラックス方法はピーちゃんの匂いを嗅ぐことです。嫌がるピーちゃんをつかんで、首の後ろから背中の辺りをクンクン嗅ぐのです。セキセイインコ独特の匂いがして、なんだか心が癒やされます。「バターや穀物のような匂い」とか「晴れた日に干した布団のような匂い」と表現する人もいます。変な話に聞こえるかもしれませんが、インコが大好きな人たちの間では「魅惑の体臭」と呼ばれているんですよ。

私にとって、インコの匂いを嗅ぐことは大切なストレス解消法ですが、ピーちゃんにしてみれば、とんでもなく嫌なことなので、ときどき顔を後ろに回して、私の鼻をガブっとかみます。

悩み2―6

注意しろ、フォローしろと言われても、ひとりで両方するのは無理です！

ひとり時間差という方法もありますよ

ほんのちょっとでいいのよ

ひとりで後輩指導をしているのですか？　それは大変ですね。「なんで私だけが」という気持ちにもなりますよ。周りの人もフォローくらいしてくれてもいいのにね。そのようななかで奮闘しているのですから、どうしても肩に力が入ってしまいます。

でも、「フォロー」って、もっと手軽にできることだと思いますよ。特別なことは必要ありません。廊下ですれ違ったときのわずかな時間でもいいのです。「この前言ったこと、できている？　何かわからないことや困ったことはない？」と声をかけてあげるだけでも立派なフォローです。

先輩から受けたフォローのなかで強く印象に残っているのは、先輩が犯したミスの話です。こんな完璧な先輩も、私と同じようなミスをするんだと思ったら、気持ちが軽くなったことを覚えています。また、「先日この本を読んでみたんだけど、あなたも読んでみない？」と、苦手な分野の参考になる本をさりげなく貸してくれたこともありました。先輩も、まだ勉強していることを知って、自分もがんばろうと思えたし、先輩の注意を素直に聞けるようになったものです。でも私にとって、最も印象に残っているひと言は、注意された後で、「あなたらしくないわね」と言われたことです。私に期待してくれていたと思うと、悔しくて、「もう二度と同じミスはしないぞ！」と強く思いました。

【ワンポイント・アドバイス】

励ましや共感のフォローをいくつかあげてみます。参考にしてください。

「がんばっているわね、いつもみているからね」
「私も昔同じ失敗をしたことがあるよ、そのときのことを思い出しちゃった」
「何でも質問できるのは新人の特権だから、できるだけたくさん質問してね」
「積み重なってくるとあとでつながるから、ひとつずつがんばろうね」

「ちゃんとみている人はいるから負けずにがんばって」

「こんなに一生懸命やってくれた人は、あなたがはじめてよ」

「仕事の覚えは昔の私より早いわ」

「私は昔がんばりすぎて失敗した苦い経験があるの。だからあまり無理しないでね」

「一人じゃないから安心して」

「あなたが後輩になってホントに毎日が楽しいわ」

「周りにやる気と元気を与えてくれてありがとう」

「失敗も貴重な経験だから、自分にプレッシャーをかけなくてもいいのよ」

「手伝うから一緒にがんばろうね」

「困ったらいつでも助けるからすぐに言って」

ひとり時間差攻撃でアタック

ひとりで後輩指導をするのは大変です。できれば周りの人にも手伝ってほしいですよね。それなら、フォローしてくれる味方をつくりましょうよ。「なんで自分だけが」と思いつめないためにも、理解者をつくる努力は必要です。

たとえば後輩の同期に「彼女、いま泣いちゃっているけれども、ちょっと後で話を聞いてあげてね」とか、あなたの同僚に「さっき後輩にちょっと強く言いすぎちゃって、しょげているから、話を聞いてあげて」というような、間接的なフォローを周囲に頼むのもいいでしょう。あなたがSOSを発信したとき、すぐに助けてくれるようなサポーターづくりは大事かなと思います。

もし、どうしても自分でフォローしなければいけないとしたらどうします？　指導してくれる人がたくさんいれば、フォロー役を分担できるのにね。だれもしてくれないなんて

大変ですよね。近くに私がいたら、あなたをフォローしてあげたい気持ちです。

ミスを注意しておきながら、その口で「気にしなくていいのよ」なんて言えないですよね。そういうときは、バレーボールの「時間差攻撃」なんてどうかしら。アタックすると見せかけて、一瞬フェイントをかけ、アタックする攻撃方法です。私は「ひとり時間差フォロー」と呼んでいます。

注意したら、少し時間をおいてようすをみて、注意した翌日などにフォローする。もし、後輩がすごく元気で、笑顔で明るくがんばって仕事をしているようなら、「がんばっているね」と声をかけてあげればいいし、なんとなく自分を遠ざけているような気まずい雰囲気があるなら、しばらくそっとしておいたり、「昨日はちょっと厳しく言っちゃったけれど、がんばっているあなただから言ったのよ」というように期待を込めた言葉をかけてあげたりするのもいいと思います。

「親の心、子知らず」という言葉があります。よかれと思って注意しても、悪いように受け止められて逆効果になってしまうことがあります。気持ちや意思を伝えるのは簡単ではありません。だからこそ、注意した後は、確認、激励、場合によっては褒めるといったフォローが大切だなといつも感じています。

決定的な深い溝

知人の家で飼っているゴールデンチェリー（鳥の種類）のマリさんの話です。ある日、知人はいたずらしたマリさんをつかんで、大きな声で叱ったそうです。ショックを受けたマリさんは、それ以来、怖がって近寄らなくなってしまいました。知人は関係を修復しようと、あれやこれや試みましたが、うまくいきません。

そこで一計をめぐらし、マリさんが好きなプリさんと仲良くしているところを意識的に見せることで、マリさんの警戒心を取り払おうとしました。この計画は見事に奏功、マリさんはようやく近寄ってくるようになったそうです。

感情的に、大声を出したり、激しく叱ったりすると、怖がられ、嫌われてしまいます。度が過ぎると、決定的な溝ができてしまい、マリさんのように修復に長い時間がかかってしまいます。飼い主という強い立場の私は、弱い立場のピーちゃんやアイちゃんを叱る際、度を越さないことと、叱ったら必ずフォローしてあげることを意識しています。

■注意の仕方に悩む

悩み2－7

後輩の身だしなみの注意をしたくても、悪い見本のような先輩がいてできません！

だったら人の力を借りてみましょうよ

示しをつける方法があるじゃない

これはよく聞く悩みですね。新入職員の集合研修では、必ずといっていいぐらい身だしなみについて教えます。でも、いざ支店に配属されてみると、明るい色の髪、ネイルアート、キラキラのグロスなど、ど派手な先輩たちがいたりして。当然、後輩たちは「えっ、これってありですか？」となります。

新人たちは、おしゃれをしたい年ごろです。自分に似合ったメークもしたいでしょう。周りが自由にしていたら、「私もしちゃおっと」と思うのもわかります。指導係の先輩であるあなたとしては、周りに悪い手本がいるので示しがつかないですよね。

金融機関は、お客さまの大切なお金を扱います。お客さまは、「信用」「厳格」「安心」なところとお付き合いしたいと思っています。どれだけ高度な税務知識や年金知識を職員が有していても、見た目がだらしなければ、相談したいと思わないですよね。金融機関の職員にとって身だしなみは、単に不快感を与えないための配慮だけではないのです。

そうは言っても、現実問題、あなたの職場では身だしなみが悪い先輩がいて示しがつかないんですよね。しょうがない、あなたの出番ですよね。そもそも「示しをつける」とは、手本を指し示して教えることだから、あなたが手本になればいいと思いますよ。支店にいる先輩が全員手本になればいいのですが、それはあまり現実的な望みとはいえません。

新人に最も近いあなたが、身だしなみの手本になれるように、決められたマニュアルやチェック表などをこっそり読み返してみるところから始めたらどうでしょうか。ほかの先輩の身だしなみのことは、少し脇においといて、まずはあなたからきちんとしていきましょうよ。後輩にとって、指導担当のあなたは、自分の評価や支店での人間関係に直結する大きな存在です。ほかの先輩とは比べものにならないくらいの影響力があります。だったら、あなたが自分自身をもって、示しをつければいいじゃないですか。

なかには、「急に身だしなみを言い出して迷惑だわ」と思う人もいるかもしれません。それはきっと、ど派手な先輩ですよね。大多数の人は、あなたにいい影響を受けるんじゃないかしら。あなたがまず変われば、だんだん周りも変わってくると思いますよ。

巻き込み上手になりましょう

さて、自分が後輩の手本になれたら、次はいよいよ周りの先輩たちやあなたの同僚をどう変えるかです。

本来なら、身だしなみがよくない先輩に、「後輩がみていますので、きちんとしてください」と直球勝負したいところですが、ちょっと言いづらいでしょう。普段から何でも言える関係ができていればいいけど、これも理想論ですね。現実は、先輩ににらまれて居心地が悪くなるかもしれません。

それだったら変化球勝負でいきましょう。たとえば、まず、その先輩に「新人の身だしなみを指導するので、先輩も私と一緒に後輩に注意してください」というお願いをしてみましょう。そして次に「身だしなみチェックはこの表を使います。これで後輩をチェックしてください」と、チェック表を渡します。

女の人って、人の役に立ちたいと思っている人が多いから、案外、頼まれれば「少しなら手伝ってあげようかな」と思ってくれるものです。直接、あなたが先輩の身だしなみに物申さなくても、身だしなみのチェック表を渡せば、「こりゃまずいな」と思ってくれるかもしれません。

変化球もダメだったら、どうしましょうか。かなり昔にはやったギャグに、「赤信号、みんなで渡れば怖くない」というのがありました。これって人の心理を見事に突いていると思いませんか？　ギャグでは信号無視という悪い行動でしたが、いい行動も、つい同じようにしちゃうことがあります。たとえばゴミひとつ落ちていない町並みでは、ゴミのポイ捨てしづらかったり、きれいなトイレだったら汚さないようにしなきゃと思ったりするものです。この心理を使いましょうよ。

つまり、みんなで身だしなみをよくするキャンペーンを始めるのです。身だしなみが悪い特定の人をターゲットにするのではなく、みんなでよくするようにしますす。そうしなきゃいけない雰囲気をつくるんです。

そのためには、役席など影響力の強い人をうまく巻き込む必要があります。いい意味での他力本願です。朝礼など、みんなが注目しているときに、役席から身だしなみをきちんとするように、話してもらうように働きかけてみてください。役席にその気になってもらうためには、お客さまの力を借りるのはどうかしら。お客さまから身だしなみについてご意見をうかがうことは、けっこうあるものです。それをチャンスととらえて、「お客さまから身だしなみについてクレームが入りました」と役席に報告して、身だしなみ改善キャンペーンを提案してみるのです。

みんながいつもみる場所に、身だしなみのチェック表を貼ったり、始業前に、航空会社

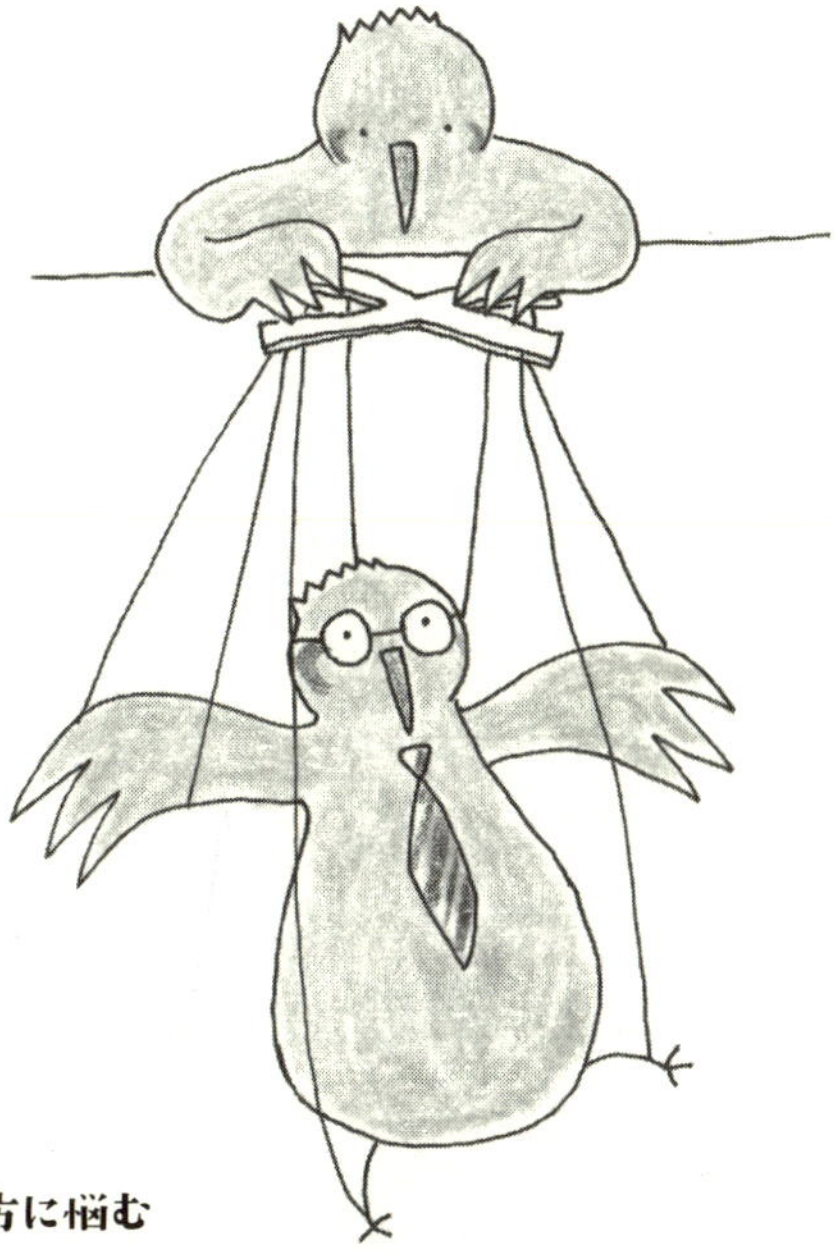

のCA（客室乗務員）さんみたいに、互いにチェックし合ったりすれば支店の身だしなみはきっとよくなると思いますよ。

人の力を借りるピーちゃん

　ピーちゃんとアイちゃんは、別々の鳥かごに住んでいます。それぞれエサ入れと水入れがついています。外に出している時間が長いので、おなかがすくとエサを食べに自分の鳥かごに戻ります。

　あるとき、アイちゃんはピーちゃんのエサがおいしそうにみえたのか、自分の鳥かごのエサを食べたあとで、ピーちゃんの鳥かごに入り込んでエサを食べ始めました。それをみたピーちゃんは、急いで自分の鳥かごに戻り、アイちゃんが食べているエサを一緒に食べようとしましたが、アイちゃんはすごく怒ってじゃまをしました。

　ピーちゃんは仕方なく、空いているアイちゃんの鳥かごに入り、エサを食べ始めたところ、アイちゃんは慌てて自分の鳥かごに戻り、「何するの！　これ、あたしのじゃない」という感じで、じゃまをするではありませんか。ピーちゃんにしてみればとんでもないことです。

　困ったピーちゃんがどうしたかというと、私の肩に乗って、ピー、ピーと大声で鳴いたのです。まるで「お願いだから、アイちゃんを注意してちょうだい」と言っているかのようです。「はいはい、わかりましたよ」。私はピーちゃんを指先に乗せて、ピーちゃんのエサ入れに首を突っ込んでいるアイちゃんに向かって、「ほら、どきなさいよ」「ダメでしょ」と言って追い払うしぐさをしました。アイちゃんは、私の顔をチラッとみて、渋々自分のエサ入れに戻って行きました。自分の力で解決できなかったピーちゃんは、私の力を借りて解決しようとしたのですね。

第3章　教え方に悩む

悩み３－１

教えたとおりにやらずにミスします。注意すると「○○さんにはこう教えられました」と、ほかの先輩の名前をあげて反論します

後輩とはうまくいっているのかしら？

何に対して腹が立つのか

反抗的な後輩で嫌ですね。指導するあなたも大変です。腹も立ちますよ。でも、後輩が自分に合ったやり方を選択しようとすること自体は、積極的な姿勢といえますから、むしろ喜ばしいことです。ミスさえしなければオーケーです。

私の経験をお話しします。新人の頃のことです。札勘のヨコ読みで、私は5枚ずつ数えていましたが、ある日、先輩から「4枚ずつ数えなさい」と注意されました。私は、5枚ずつのほうが数えやすかったのですが、仕方なく4枚ずつ数えるようにしました。しかし、やはりうまくいきません。自分には5枚ずつのほうが合っていたようです。私は、こっそり元のやり方に戻しました。

ところで、あなたは何に対して腹を立てているのかな。後輩がミスしたことに対してですか、それともほかの先輩に教えてもらっていたことに対してですか。もし、ほかの先輩に教えてもらったやり方で後輩がうまくできたとしたらどう思いますか？　やはり腹立たしく思ったのではないかしら。そうなら、後輩との関係づくりに問題があったのかもしれません。

教えることでできる心の溝

私は、研修講師を長年続けてきましたが、そのなかで感じたことは、「教える人は教わる人以上に勉強しないと教えられない」ということです。そして、教える相手に対する愛情が最も大事だということです。大げさだと思われるかもしれませんが、一人前になってほしい、幸せになってほしいという気持ちです。

しかし、いくらこちらの思いが強くても空回りしてしまうことがあります。いや、むしろ強いほどうまくいかないことがあります。原因は教えることでできる縦の関係です。

人が人に教えるとき、「教えてもらう人」と「教える人」の間に、目にみえない縦の関係が生じます。教えてもらう人は、教えてくれる人に対して、潜在的に「負い目」を感じます。特にふたりの年齢差が小さければ小さいほど、負い目、負けん気、プライド、嫉妬など、いろいろな感情が複雑に作用して素直になれなくなります。

こうした状態をそのままにしておくと、ちょっとした言葉や態度がきっかけになって、教えられる人は心を閉ざしてしまいます。教えられる人の心が開いていなければ、いくら教えても伝わりません。むしろ反発するだけかもしれません。そうなってしまうと、何か困ったことがあっても、その先輩には聞きにきません。あなたの後輩もそうだったんじゃないかな。

「教える」「教えられる」という関係に入る前に、信頼関係をつくることが大切だと思います。「信頼」という字は、信じて頼るって書くでしょ。すべてを任せられる関係が信頼関係なのです。すべて任せるためには、お互いに相手のことをよく知っていないとできませんし、もっと言うならお互いに相手のことが好きでないとできないことです。

すべては笑顔から始まる

信頼関係の築き方は、いろいろあると思います。たとえば「認める」こと。私はインコが大好きですが、なかにはインコに興味のない人や嫌いな人もいます。たとえインコに興味がなくても、インコの話を楽しそうに聞いてくれて、「インコって、案外かわいいね」なんて言ってくれたら、なんだか私のことをわかってもらえたようで、うれしくなります。私の場合、一気に信頼関係が築かれます。あなたも、後輩の大切にしていることを認めて理解してあげたらどうかしら。

話をよく聞いてあげることも信頼関係には大事です。「傾聴」です。傾聴の「聴く」

という字は、十四の心で聞くと書きます。ただ聞くのではなく、より深く、丁寧に、（あなたが聞きたいことではなく）後輩が言いたいこと、伝えたいことを聞きます。その際、表情、しぐさ、態度等も、話しやすい雰囲気づくりにつながりますから、ここも気をつけるともっといいですね。

そして最も大事なのが笑顔。初対面の人と会う場合、緊張して何をどう話したらいいのかとまどいますよね。そのようなとき、相手から笑顔で声をかけられたことで、打ち解けて会話がはずんだ経験はありませんか？

「無財の七施」という仏教の教えがあります。これは、モノやお金がなくても人を幸せにできる方法を教えたものです。そのなかのひとつに「和顔施」があります。笑顔を施すことで相手を幸せにすることができるという教えです。

幸せにするのは相手だけではありません。布施は、与えられた人よりも与えた人のほうが幸せになれるといいますから、後輩への笑顔は、あなたを幸せにしてくれるものでもあるのです。

信頼関係を築くには、まず先輩のあなたが心を開いて、笑顔で、一歩近づくことじゃないかしら。きっと後輩も心を開いてくれると思いますよ。

【ワンポイント・アドバイス】

>>> 後輩に教えるときのスタンス

後輩にあった教え方を選ぶことも大切です。いくつかご紹介します。

・あなたが一歩先にいて、リードするように教える

・あなたがパートナーとして真横に寄り添い、「傾聴」「親身な相談」「共感」を交えて教える

・あなたが後輩の力を信じて、後輩が「自分で考え、自分で決めて実行する」のをバックアップすることで教える

好きだから話したい

セキセイインコは、人間の言葉を覚えてしゃべります。いまの代のピーちゃんは「ピーちゃん、イイコ、イイコ」「ピーちゃん、スキ、スキ」と、よくしゃべっています。

野生のセキセイインコは、群れをつくって生活しています。仲間とのコミュニケーションはとても大切です。

一説によると、セキセイインコが人間の言葉をマネするのは、飼い主を仲間と考えて、コミュニケーションをとろうとしているからだそうです。言い換えると、好ましい相手だからコミュニケーションをとろうとしているのです。インコに限らず、だれだって好ましくない相手とは話したくありません。

私はアイちゃんにも言葉を教えていますが、アイちゃんが覚えた言葉は「ピーちゃん」のひと言だけ。アイちゃんはピーちゃんのことが好きなのですね。

好きだからマネをする

アイちゃんはピーちゃんのマネをします。ピーちゃんがエサを食べ始めると、アイちゃんも食べ、ピーちゃんが水を飲めば同じく飲みます。ピーちゃんが羽づくろいをすれば、アイちゃんも始め、ピーちゃんがウトウト居眠りをすると、アイちゃんも目をつぶります。

アイちゃんは、ピーちゃんが大好きです。だからマネをします。しかし、ピーちゃんは私のマネをします。アイちゃんにはすまないと思いますが、ピーちゃんは私のことが好きなのです。

あるとき、エサを変えたら食べてくれなくなってしまいました。困った私は、ピーちゃんの前で、そのエサを口に含んで食べるふりをしてみました。「おいしいエサだよ」といわんばかりに。それをみたピーちゃんは、私のマネをしてエサを食べ、それをまたアイちゃんがマネして食べてくれたのです。好きな人の言動が、すんなり受け入れられるのは、人間も鳥も同じようです。

悩み3―2

何回教えても同じミスを繰り返します。なんでこんなにできないのかわかりません

あなたも、新人の頃はそんなものじゃなかった？

ついロから出てしまう禁句

いますよね、こういう後輩。同じミスを繰り返すなんて、本当に頭にきます。大きな声で「同じことを何回も言わせるな！」ってガツンと言いたいですよね。

でも、新人の頃は程度の差こそあれ、みんな失敗を繰り返すものじゃないかしら。あなただって新人の頃は、先輩にいっぱいフォローしてもらったんじゃないかしら。みんな同じ道をたどって、できるようになるものです。そう考えたら、あなたの怒りも少しはおさまりませんか。

かくいう私も新人の頃は、どちらかというとできの悪いほうで、先輩に迷惑をかけたものです。わからないことがあると聞きにいき、ミスをしてはいけないと思っては確認にいき、そんなこんなで頻繁に先輩に聞いていました。先輩はたまらなかったと思います。「何回教えたのよ！」「いいかげんにして！」「同じことを言わせないでちょうだい！」「ノートに書いたでしょ！」など、よくもここまでバリエーションがあるものだと関心するくらい怒られたものです。

そのときに、心に決めたことがありました。それは、「自分が教える立場になったら、7回でも8回でも同じことを辛抱強く教えてあげよう。『何回教えたらわかるのよ』というセリフは絶対言わない」ということでした。

それから数年がたち、私も後輩を指導する立場になりました。新人時代の決意は熱く胸の内にありました。私は、ほかの先輩よりも辛抱強く、何度も繰り返して教えました。3回、4回、そして5回目になったとき、ついに私の口から、あの「何回言わせるの！」というセリフが飛び出しました。先輩と同じく教える立場になって、初めてわかったことがありました。先輩が何に腹を立てたのかです。

同じミスを繰り返すのは、進歩していないからだと思ったのですが、そうではないようです。後輩のスキルは、ミスを経験するたびに少しずつですが上がっていたからです。先輩の、そして私の声を荒らげさせたのは、後輩の教えてもらう態度でした。聞き方がいつも一緒だったのです。「これ、どうやるんでしたっけ？」

です。

指導する立場からしてみると、そのことを聞くのが3回目なら「これは、ここまではわかるのですが、その先をもう一度教えていただけませんか」と聞くとか、5回目なら「これであっているか確認させてください。これはこうすることで間違いありませんよね」と聞くなど、スキルが上がっているなりの聞き方をしてほしいわけです。それを5回も6回も「これ、どうやるんでしたっけ？」と聞かれるものだから、「あなたは聞いたことをまったく覚えていないの？」と爆発してしまうのです。すっかり忘れていましたが、実は私も新人の頃、よく先輩に「これ、どうやるんでしょうか？」と聞いていました。

説明と教育は違います

それでは、ここからはミスを繰り返す後輩をどう指導したらいいのか、具体的に考えてみましょう。まずは後輩の習熟度を見きわめることが重要です。ミスは繰り返すけれどスキルは上がってきているのか、それとも業務がまったく理解できていないのか。

後輩が前者に当てはまるのなら、「こういうふうに質問してくれれば、業務に対してあなたがどこまでわかっているのかが把握できるからうれしいんだけど」などと、聞き方を具体的に教えてあげましょう。それがお互いハッピーになる方法だと思います。もし、後者に当てはまるようなら、教え方を変える必要がありそうですね。たとえば別の角度から説明したり、ロールプレーイングで習得させたりしてみたらどうでしょうか。

ミスを繰り返す要因として、動機づけがしっかりできていなかったことも考えられます。こんな話を思い出しました。飛行機のＣＡ（客室乗務員）さんとの会話です。いつだったか、飛行機に搭乗した際、ＣＡさんに「すてきな笑顔の秘訣（ひけつ）を教えてください」とお聞きしたことがありました。そのＣＡさんは私の予想に反してこんなふうに答えました。

「ＣＡの第一の役割は、保安業務です。笑顔がないとお客さまは不安になりますので、安心して乗っていただくためには笑顔が必要なんです」

私の心にすごく響いたのは、自分たちの仕事の役割や重要性をきちんと理解して、そのために実際に行動していたことでした。つまりしっかりと動機づけがされていたことです。

同じミスを繰り返すのは、「これを失敗したら、お客さまに迷惑がかかり、周りの人にも迷惑がかかり、自分たちの金融機関にも迷惑がかかるからミスをしないように最大の注意を払わなければならない」ということが腑に落ちていないためかもしれません。後輩が取り組んでいる仕事の重要性をきちんと伝えて、動機づけをしてあげることはとても大事です。

ここでちょっと、「教育」について考えてみましょう。ただ説明しただけでは、働きかけたにすぎず、相手の行動を変えるには至りません。つまり、教育したことにはなりません。相手が理解して、行動して、教えたことができるようになって、はじめて「教育した」といえるのです。もしかしたら、教えたつもりになっていたということはないですか？　これを機に、自分の教え方について、振り返ってみてください。

すぐには育たないものよ

頭でわかっていても、身体が思うように動かないというケースもあります。いまでは何気なく乗っている自転車ですが、だれでも乗れるようになるまで、何回も転んだでしょ。あちらこちら擦りむいて、ずいぶん痛い思いもしたんじゃないかしら。「こうやって乗るんだよ」と教えてもらっても、実際乗れるようになるまでには、けっこうな時間がかかります。後輩も、教わってからできるようになるまでには、それなりの時間が必要です。ミスを繰り返されれば嫌になりますが、辛抱づよく待ってあげることも必要です。

２０１０年、根岸英一さんはノーベル化学賞を受賞しましたが、その恩師の座右の銘は「大きなカシの木も、小さなどんぐりから」です。この言葉にはいろいろなメッセージが込められていると思いますが、私なりに解釈してみます。

どんぐりはブナ科のクヌギ、カシ、ナラ、カシワなどの果実の総称で、つまり種です。幼い頃は、落ちているドングリを拾って遊ぶことに夢中で、あまり気にもとめていませんでしたが、手のひらに乗る小さなどんぐりは、両手で抱えられないぐらいの大きな木になります。映画『となりのトトロ』にも出てきますが、小さな種には、天にも届きそうな大木になる資質があるのです。

後輩も同じだと思いませんか。みんな大きく成長する資質を持ち合わせているのです。ただし、小さな種が大木になるためには水やお日さまの光、土からの栄養などが必要です。どうか後輩の可能性を信じて、水やりを続けてあげてください。だって、水やりを継続してあげなければ枯れてしまうでしょう。先輩にはそのような役割があると思うし、そのような存在なのです。

それからもうひとつ知っておいてほしいことがあります。どんぐりは、芽がまだ出てい

なくても、みえないところで深く根を張っているということです。すぐには芽は出ませんが、その間、十分に根を張って力を蓄えています。そして、いったん芽が出れば、とても早く成長します。

後輩は、もしかしたら根を張っている途中なのかもしれません。なんでも育てるには、時間と労力がかかります。それでも、コツコツ続けていけば、必ず芽が出て実が成ります。そう信じてください。

実は私、一昨年の秋から個人的に「どんぐりの森再生プロジェクト」に取り組んでいます。少し大げさな言い方ですが、簡単にいうと拾ったどんぐりを育てているのです。その成長ぶりを観察していると、はじめは根が10センチほど伸びて、その後に芽が出てきます。芽が土からほんの数ミリ出てくるまで、およそ3カ月はかかります。本当に力を蓄えていたのだと思います。ドングリの成長の度合いはそれぞれですが、少しずつでも伸びている姿をみていると、私もエネルギーをもらって元気になります。

ピーちゃんの歩み

ピーちゃんたちは、最初、鳥かごの扉を開けても、なかなか出ようとしませんでした。新しい環境に慣れていなかったからでしょうか。扉付近でキョロキョロようすをみてちゅうちょしていました。やがて意を決し、鳥かごによじ登り飛び出しました。少しずつ外の世界に慣れ、いまでは鳥かごの扉を開けると、すぐ私の指に飛び乗ってきます。インコの冒険は、一足飛びではないようです。

■教え方に悩む

悩み3―3

やってみせたのに後輩はできません。どう教えたらわかってくれるのか途方に暮れます

あなたはできるでしょうけどねぇー

いいテクニックがあるわよ

あなたは、いい先輩ですね。すごいなあと思いました。だって、身体を張ってやって見せたんだから。多くの先輩にとって、後輩に手本をみせることは大きなプレッシャーになります。なぜなら、自分が失敗したところを後輩に見せるわけにはいかないからです。プライドがあります。

山本五十六元帥がこんな言葉を残しています。

「やってみせ、言って聞かせてさせてみて、ほめてやらねば人は動かじ。話し合い、耳を傾け、承認し、任せてやらねば、人は育たず。やっている姿を感謝で見守って、信頼せねば人は実らず」

自らやって見せてあげたのはすごくいいことです。でも、せっかくやって見せてあげるのだから、ぜひとも後輩には習得してほしいですよね。そこで、やって見せるにあたってのポイントを以下ご紹介しますので参考にしてみてください。

①事前準備

まずは、教わる後輩のレベルを確認してみましょう。あなたにとっては日常茶飯事のことであっても、後輩にとってはまったく初めてのことかもしれないじゃないですか。初心者には、一から十までていねいに教えてあげないと理解できません。やって見せる際には、レベルを自分に合わせるのではなく、相手に合わせる必要があります。

レベルを確認する言い方としては、「普段あなたはどうやっているの」「この場合、あなたならどうする」「これについてだれかに教わったことはあるかしら」などはどうでしょうか。

②ホールパート法

説明したことを後輩に理解してもらうためには、相手に合わせた説明と、わかりやすい説明がポイントとなります。ただ「やるからみていて」というだけでは、どこまで理解してもらえるのか心もとなくなります。それでは、わかりやすく説明するテクニックをひとつご紹介しましょう。

プレゼンテーションなどでよく使われている「ホールパート法」と呼ばれている方法です。ホールパート法とは、はじめに話の全体像を説明してから、各論を説明していって、最後にまた全体のまとめを話す方法です。たとえば「今回○○について覚えてほしいことは三つあります。まず一つ目は～、二つ目は～、三つ目は～です。では一つ目から説明します。ここでのポイントは～。さて、今回は三つのことをご説明しましたが（以下略）」という具合です。どうですか、これから何を説明するのかを先に言ってもらうと、理解しやすいと思いませんでしたか。同じような説明方法としてSDS法（要約、詳細、まとめの順に説明）やPREP法（結論、理由、事例、まとめの順に説明）などがありますので、試してみてください。

言ってもダメなら聞いてみる？

「押してもダメなら引いてみな」というけれど、いくら説明してもダメなら、もう後輩にどうしてできないのか直接聞いてみるしかないでしょう。でも、後輩はできないことで負い目を感じているはずだから、聞き方を間違えると心を閉ざしてしまうおそれがありますのでそこは注意してください。ではどう聞き出すのか。ここにもポイントが二つあります。

①共感しながら聞く

山本五十六元帥の言葉でいうと、「耳を傾け、承認し」という部分です。後輩は、「怒られるかもしれない」と構えているでしょう。「なぜできないの」と聞いても、なかなか本当のことを話してくれないものです。

まずは後輩に、「この人は、怒らないで自分の困っていることを聞いてくれるかもしれない。自分を助けてくれようとしている」と思ってもらえるようにすることが大切です。安心して本音を話せるような雰囲気づくりです。具体的にいうと「共感」と「傾聴」です。目をみて真剣に聴き、「そうかここまではわかっているのね」などと相づちを随所に打ち、ときには「そうなんだ。すごくがんばっているんだね」というように、励ましてあげることも大切です。

気持ちを受け止めてあげることで、後輩が本音を話し始めたなと思ったら、「なぜできないのか」を自然な流れのなかで聞き出すようにしてください。

②全面否定しない

できない理由を尋ねる場合、つい「なぜできないの」「どうしてできないのよ」とストレートに問いつめたくなりますが、この言葉は後輩の心にグサッと突き刺さります。もちろん、あなたにはそんなつもりはないでしょうが、後輩は自分が非難されているように感じてしまいます。そうなると、後輩は「すみません」としか言わなくなります。心を閉ざしたのです。

言い方を工夫してみてください。たとえば「何が原因でできなかったの」というように、聞くのはどうですか。できない原因（障害物）に的を絞って、そこを二人で客観的に探るイメージです。そうすることで、後輩もいい意味での言い訳をしやすくなると思います。

できないことを教えられてもね

できない理由が見つかったら、「どうしたらできると思う?」というように、解決策を後輩と一緒に考えてあげましょう。ポイントは後輩とたくさん話すようにすることです。後輩が考えていることを聞いているなかで、「これだったらできるかもしれない」という解決法を後輩から引き出してあげられたらいいですね。

できない原因は、さまざまあります。知識が足りなかったのか、やり方がわからなかったのか、それとも性格的な問題なのか、人と話すのが苦手なのか。しかし、もしかしたら教えた内容自体に無理があったのかもしれません。私が経験した出来事をお話ししましょう。

私の先輩で、同じ作業をしたらいつもほかの人よりすごく早い人がいました。何をやっても時間がかかる新人の私にとってその先輩はあこがれの存在となっていました。ある日、思い切ってその先輩に「早くできる秘訣（ひけつ）を教えてください」と聞きにいきました。そしてわかったのですが、なんとその人は私が3回くらい電卓をたたくところを「暗算」でしていたのです。2桁の掛け算も暗算でサッサとしていたのです。電卓は最後に検算として使っているだけでした。それを聞いて私は「こりゃ無理だ」とうなだれ、地味に電卓をたたく作業に戻りました。

ここまですごくなくても、あなたが教えたやり方は、もしかしたらあなたしかできない、あなたの才能ならではの技法なのかもしれません。一度、点検してみる必要がありそうですね。

得手と不得手

知人のピーちゃんはオスです。巣作りの本能があるため、新聞折り込みチラシなど紙を見つけると、くちばしで短冊状に切り取り、何本も背中の羽の間に挟み込みます。自然界なら、背中の紙切れを巣に持ち帰って巣作りをするのでしょうが、ピーちゃんは人間に飼われているため、背中に短冊をたくさん挟み込むだけです。

知人のピーちゃんは、きちょうめんに真っすぐ長く切り取ることができますが、プリさんは粗野なため細切れになってしまいます。しかしプリさんにも強みがあります。粘り強さです。鳥たちは、鳥かごから出してもらいたいとき、扉をくちばしで持ち上げて放す動作を繰り返し、扉を開けてくれと訴えます。ピーちゃんは、しばらくやってもダメならあきらめてしまいますが、プリさんは出してもらえるまでやめません。鳥にも個体によって得手不得手があるのですね。

悩み3－4

教えても反応がなく不安になります。

「わかりました」

「特に質問はありません」

と言うけれど説明させると
まったくできません

わからないことが、わからないんじゃやない？

直球勝負で迫ってみたら

教えるとき、受講生が無反応だったり、無表情だったりするとすごく不安になります。芸人がすべることを恐れるように、講師もすべるのがとても怖いものです。あまりにも反応がないと、本来の調子も出せなくなります。ですから、そのような場合は、たまに自分の気持ちをストレートに言うようにしています。

「みんな、さっきから私の話にまったく反応がないんだけれども、本当にわかったのかなあ。私は、みんながわかったのか、わからないのかが、わからないからすごく不安なんです」

場合によっては、もっと突っ込んでこんなことも言います。

「みんなが反応してくれないってことは、私の話を聞いてないってことじゃない？　『もしかして、私のことが嫌いだから話を聞いてくれないのかしら』なんて、考えちゃって不安になるんだけど、どうなのかしら？」

　ここまで迫れば、「いや、別に嫌いというわけじゃないです」などと、ようやく反応が返ってくるようになります。だから、やっぱり反応がないときには、「反応してよ！」って自分からメッセージを出すのも大事だと思います。

　ところで、あなたは「質問が出ない」というけれど、どのくらい待ったのかしら。カップ麺じゃないけれど、私は3分を意識しています。

　初めて教えられたことは、すぐに腑に落ちるわけではなく、頭の中で「それってどういうこと、なぜそんなことをするのかしら、そうかなるほどね、でもあのときはどうするのかしら」などと、グルグル思考を巡らせたあとで、ようやく自分なりに消化できるのだと思います。

　「これについて聞いてみよう」と思うまでには、ちょっぴり時間がかかります。だけど、質問を待つ側にしてみれば、たとえ3分だったとしても、とてつもなく長く感じるものです。時間の感じ方が、教える側と教えられる側とではだいぶ違うのです。もしかしたら、あなたは後輩が反応するまで待ってあげられていないんじゃないかしら。でも、待ってあげることはとても大事ですよ。たとえば後輩に何かを教えてあげたとき、「何か質問はない？」と聞いたら、続けて「ゆっくりでいいから、いままで教えたことで何か疑問に思うこと、わからないことを思い浮かべてみてね」というように、知識の消化を促すサインを送ってあげるのはどうかしら。

なんで質問しないのかな

でも、なんで質問が出ないのかなあ。単純に考える時間をあげなかっただけなのかしら。私なりに後輩をタイプに分けて考えてみましょう。

①まず、おとなしいタイプ。このタイプは、忙しそうな先輩に質問するのをためらってしまっていることも考えられますね。対処方法としては、「後でもいいから、ノートに書いてもってきてね」といってあげるのはどうでしょうか。

②次に恥をかきたくないタイプ。プライドが高い人は、「こんなことも知らないのか」と思われるのが嫌で質問をしないことも考えられますね。対処方法は、「あなたの後に入ってくる後輩たちがつまずかないために、わかりにくい部分があったら教えてね」と言って、質問を出してもらうのはどうかしら。このタイプは、意見を否定しないようにすることが大切です。傷つきます。たくさん褒めて、育てて、早く教える側になってもらいましょう。

③自信がなく不安なタイプ。いますよね、自信なさそうにしている人。こういう人には、「質問を出して」と迫っても無理でしょうから、OJTをするなかで教えていくしかあり

ません。そして大切なことは、いきなり大きな目標を与えないこと。まずは小さな目標を設定して、できたら褒める。そして次の目標を与えるということの繰り返しで自信をつけてあげるのがいいでしょう。

④わからないことが、わからないタイプ。このタイプについては、教え方を工夫する必要がありそうです。私の経験をお話ししましょう。

新人の頃は、教えてもらうことがとっても多くて、言われたことや教わったことを取りあえず自分のノートに書き込むのが精いっぱいでした。とても消化できる状態ではなかったのです。やがて、実務を経験するなかで、初めて「ああ、このことを教えてくれていたんだ！」とわかることが多々ありました。実際にやってみないとピンとこないことってありますよね。

後輩に教える内容によっては、質疑応答や簡単な実習、ロールプレーイング、理解度チェックテストなどを組み入れて、後輩が身体で覚えられるような機会をつくってみるのはどうでしょうか。

また、いろいろ経験した先輩の体験談は、後輩が最も聞いてみたい話です。現場経験者ならではの失敗談、工夫したこと、うれしかったことなど、知識を教えるだけでなく、体験談を織り交ぜるようにすれば、リアリティーが出ますから後輩も身を乗り出して聞いてくれると思います。あなたの腕のみせどころじゃないかしら。

ピーちゃんはあきらめない

わが家のピーちゃんは、私がこたえるまで呼び続けます。その熱烈さには脱帽します。たとえば、ピーちゃんは私の肩に止まり、耳元で「ピーちゃん」と呼びかけます。私が返事をしないでいると、何度も呼び続けます。右肩で呼びかけて返事がないと、左肩に移動して呼びます。それでもこたえないと、しまいには口元まで寄ってきて、「ピーちゃん」と叫びます。

ようやく「はい、ピーちゃん何ですか」と返事をすると、落ち着いて静かになります。相手が反応しなくても、決してあきらめず、反応するまで呼びかけ続ける姿は、私に勇気をくれます。

悩み３−５

教えてほしいと言うから説明しているのに、「聞いているの!?」と怒鳴りたくなります

もしかして、あなた話が長いほうかしら

一応聞いているみたいですよ

あなたは後輩のどういう態度から、まじめに聞いていないように思ったのかしら。もしかしたら、かつて私がどこかで聞いた次の話と同じようなパターンですか。

・事務のことを教えていたら、「うんうん」「ふーん」「そうなんだあー」という返事をされた
・教えてあげるために後輩の席までいったのに、後輩は座ったまま話を聞いていた

もう、ビックリしますよね。こちらは、当然、真剣に聞くものと思っているから、

一発でキレます。聞いていないみたいに思えるもの。その気持ちよくわかります。でもね、復唱してみなさいと言うと、ちゃんと答えられるから、一応、聞いてはいるみたいです。ただ、聞き方がなっていないのね。

先輩や年上の人の話を聞くときのマナーを知らない若い人ってけっこう多いみたいですよ。ですから、後輩は「聞き方を知らないだけだ」と割り切って、「人の話を聞くときにはちゃんと相手の目をみて、メモをとって聞きなさい」「あいまいなままにしないで、きちんと確認しながら聞きなさい」「先輩が立っていたらあなたも立ちなさい」などと、一から教えてあげるしかないんじゃないかな。

もし、ちゃんと聞いてほしいなら、話を始める前に、「二度と言わないから、ちゃんとメモしながら聞いて」というように、ちょっと相手に緊張感を与えてみる方法もあります。

ただし、なかには「ひと通りやって見せて、後輩を見上げてみたら、なんと携帯でメールしていた」という事例もありますので、そのような場合には、遠慮なくガツンと注意しましょう。

何か気になることがあったのかも

あなたは、「人と話をしているときに、ふと何かを思い出し、その後の相手の話が上の空になった」という経験はありませんか。そう考えてみると、後輩の態度に何か思い当たるところはありませんか。

やらなければいけないことを思い出してしまうと、それが気になって、後輩はあなたの話に集中できなくなります。「心ここにあらず」と言うけれど、まさにそのような状態だったのかもしれませんね。

突然「あっ」とか「しまった」と言ったり、言葉にしなくても突然口を開けたり、ビックリしたような目をしたり、急に考え込むようなそぶりをしたり、下を向いたまま固まってしまったり、場合によっては目線が上空をさまよっていたりしたら、何かを思い出した可能性があります。こうした態度の変化をキャッチしたら、たとえ後輩から聞いてきた場合であっても、話を中断して「何か急に思い出したことがあるの？」と聞いてあげてください。「喉が渇いた者が井戸を掘る」といいますが、求めていない人に、話して聞かせても「馬の耳に念仏」です。相手が水を求めたときに与えるのが教えるタイミングです。

オーダーミスなら仕方ないわね

さて、ここからは教える側に問題がなかったかどうかの点検をしてみましょう。チェックしてほしいことは2点です。

一つ目のチェックポイントは、質問と答えがトンチンカンになっていないかです。たとえば後輩は「A」について聞きたかったのに、先輩は「B」の話ばかりしていたというパターンです。原因は、①先輩が単純に間違えただけなのか、それとも②先輩は「A」よりも「B」が大切だと思ったので「B」の話ばかりした、

という二つが考えられます。レストランで注文した料理と違う料理が出てきたら怒りますよね。また、「あなたにはこちらの料理が合っています」と食べたくもないものを出されたら、あきれて店を出るでしょ。それと同じですよ。

①の単純な間違いの予防策としては、後輩が「Aについて聞きたいんですが」と言ってきたときに、後輩の言った質問をオウム返しで復唱確認すれば間違いは防げます。もし、後輩の話が長くて要領をえないなら、「要するに〇〇について知りたいのよね」と、要点を整理して後輩に返してあげます。このようにすれば、「言い間違い」「聞き違い」は防げます。

②の意図的な指定替え（注文と違うモノを出す）をしないためには、いくら「後輩にはこの話をしてあげたい」と思っても、まず先に後輩の質問に答えてから、自分がしたい話を、なぜこの話が大切なのかを説明したうえで簡潔に話すように意識することです。そうすれば、後輩は聞いてくれるんじゃないかな。

二つ目のチェックポイントは、あなたの説明が長すぎていないかです。小学生の運動会などで、校長先生の訓示や来賓のあいさつが長いと気が遠くなって倒れそうにならなかった？　どんなにいい話でも途中から聞く気にならなくなったでしょ。スピーチでも説明でも、話は短いほうがいいに決まっています。私が研修講師をしているなかで、聞いた話をご紹介しましょう。

受講生「うちの上司、話が長くて、何を言いたいのかよくわからないんです」
私「そんなときはどうするの」
受講生「上司だから話を遮るわけにもいかないし、ひたすら早く終わらないかなぁって思って耐えています」

どうですか、もしかしてあなたも同じ思いを後輩にさせていたということはありませんか。ちなみにスピーチの最適時間は3〜5分程度だと言われています。話は簡潔にするように意識してください。以下、人にわかりやすく伝えるポイントをまとめましたので、参考にしてください。

①内容は数で示す
話す内容は、数で示して箇条書きのように話します（3ー3参照）。たとえば「こ

れから話すことは、三つあります。一つ目は○○、二つ目は…」という具合です。

②一文には一つの内容を

一文は短く、「〜で、〜ですが…」と、話を続けないように意識します。

③5W3Hにまとめる

「だれが、いつ、どこで、何を、なぜ、どのように、どのくらいの量を、いくらで」という5W3Hをふまえて、簡潔にまとめることを意識しましょう。

金利上乗せキャンペーンのご案内の例でわかりやすさの違いをみてください。わかりにくい例では話が延々と続いていきます。

（わかりにくいトーク例）

「金利が低くて、普段ですと0・025％しかつきませんけれど、キャンペーン期間中はプラス1％の1・025％になって、かつ、いま、100万円以上を預けていただきますと、すてきなプレゼントも差し上げます」

（わかりやすいトーク例）

「お勧めするポイントは三つあります。一つ目は金利が高いということです。通常は０・０２５％です。でも、今回は１％金利を上乗せして１・０２５％になります。二つ目は、すてきなプレゼントを差し上げます。１００万円以上お預けくださいますと、大人気のこちらのプレゼントをもれなく差し上げております。三つ目は、期間が限定ということです。今回は今月末までの期間限定のキャンペーンです。以上、三つがお勧めのポイントです」

ピーちゃんは目で聞く

セキセイインコの目は顔の真横にあります。耳は羽に隠れていますが、目の隣（後ろ）にあります。ピーちゃんが私の話を聞くときは、真っすぐこちらを向きます。まるで、目で聞いているみたいです。

ピーちゃんの目は私の口元の一点に注がれます。肩に乗って、顔を口にぐっと寄せて、まるで「あなたの話を真剣に聞いています」と言っているようです。

一方、アイちゃんはよそ見ばかりです。指に乗ったアイちゃんに、「アイちゃん」と呼びかけても、あっち向いたり、こっち向いたり、何か気になることがあるのでしょうか、まったく私と目を合わせることはありません。聞いていないことが見え見えです。これでは言葉を覚えられるわけがありません。

聞いていないようで聞いている

知人のピーちゃんの話です。知人宅のプリさんとマリさんは、呼べば返事をし、鷹匠（たかじょう）に呼ばれたタカのように、差し出した指を目がけて、遠くから舞い降りてきます。

ところがピーちゃんは違うそうです。プライドがすごく高く、いくら呼んでも、指を振りかざしても来ません。しかし、少し時間がたってピーちゃんのことを忘れた頃、必ずやって来ます。

インコも個性があります。反応がないので、聞いてないのかと思ったら、実は聞いていたことがよくあります。プライドが高いピーちゃんは、「来なさい！」と命令口調で呼んでも決して来ません。かえって意地になって来なくなります。ですから、知人はピーちゃんがその気になるのを待ってあげているそうです。

悩み3－6

なかなか仕事を覚えないので、ノートに書くように言いましたが、半年間で3ページというありさまです！

えっ、半年間もチェックしなかったの？

嫌気が差しちゃったのね

半年間でノート3ページですか。それはあきれるわね。この後輩の態度はひどすぎます。でもね、私がもっと驚いたのは、半年間も後輩をチェックしなかったことのほうです。

きっと、あなただって最初の頃は「ちゃんとノート書いている？」「ちょっと見せて」とチェックしていたんだと思います。でもこの後輩は、「後でもってきます」「明日書きます」と、その場をはぐらかしてきたんでしょうね。

こういうやりとりが続けば嫌になります。そのうち「どうせノートみせてと言っても、また同じ答えが返ってくるに違いない」「ノートをとらなければ後々自分が困るだけだ」「別に注意したくてしているわけじゃない」「しつこいと思われのは嫌だ」などと思うようになったんじゃないかな。

しかし、後輩指導を任されているからには、やっぱり半年間放置しちゃダメよ。いったん後輩に「この先輩は怖くない」となめられてしまったら、その後の指導に支障をきたすことになってしまいます。それに、きちんと後輩にノートをとらせないと、何度も同じことを聞きにきたり、間違って覚えてミスしたり、一人前になるのが遅くなって迷惑がかかったり、指示したことを忘れてミスしたりするなど、あなたや周りの人に迷惑がかかってしまいます。

最初が肝心なので、根比べだと思って厳しく向き合ってください。「指導」は「フォロー」と対になっていることを忘れないで、がんばってくださいね。

なぜノートをとるのか教えた？

ところで、この後輩はどうしてノートをとらなかったのでしょうか。①「記録しなくても正確に仕事ができればいいんでしょ」と思っていたのかな、②それともプライドが高い人だったので、「ノートに書きなさい」と一方的に押しつけられたことに反発したのかな、③それともノートをとらないといけない理由がピンとこなかったのかなあ。

後輩にノートをとるように指導するときは、最初に「なぜノートをとるのか」「ノートをとらないとどういうことになるのか」「どうして周りの人に迷惑をかけることになるのか」などを教える必要があります。そうすれば①〜③のようには思わないはずです。ではノートをとる理由についておさらいしてみましょう。

ノートをとる目的は、書くことで覚えるためとか、忘れないようにするためだけではありません。たとえば、わからなかったこと、疑問に思ったこと、自分なりに工夫しようと思ったこと、などを書くことで自然に自分の想像力や感性が高められていきます。

また、後で読み返してみたときに、どこでつまずいたのか、どんなことに疑問をもったのか、どうやって壁を乗り越えたのか、など成長のステップがみえてきますので、後輩指導をする立場になったときのヒントになります。

さらに、責任が重くなるにつれて仕事で文章を書くことがふえてきますが、日常的に書くことを習慣づけておけば、将来、文章を書くことが苦にならなくなります。

　もうひとつ、ノートなどに書くことで、丁寧な印象を相手に与える効果もあります。こんな話を聞いたことがあります。クレーム対応でお客さまのお話をうかがっていたら、突然「おまえは人の話をちゃんと聞いているのか、メモぐらいとれ！」と怒られて、さらにクレームがヒートアップしたというケースです。メモをとらない姿に、自分の意見を軽んじられたと感じたのでしょう。

　この機会に後輩と一緒に金融機関の仕事の3基本（正確・迅速・丁寧）と5原則（現物主義、記録主義、確認主義、検証主義、自己責任主義）を振り返ってみましょう。

P・D・C・A作戦でいきましょう

ここからは具体的な解決策を考えてみます。なかなかノートに書くことが習慣づけられない後輩には、行動管理のサイクルをヒントにしてみたらどうでしょうか。よく研修で目にする「P・D・C・A」です。生産管理や品質管理などの管理業務を円滑に進めるための手法で、「PLAN—DO—CHECK—ACTION」の頭文字を並べた言葉です。それぞれの意味は、PLAN（計画）／DO（実行）／CHECK（評価）／ACTION（改善）です。

このサイクルにノートをとらせる指導を当てはめてみるとこうなります。

①PLAN…ノートをとる目的などを説明し、今回教えることの概要を説明する

②DO…教える際には必ずノートとペンを持参させ、持参しなければ教えない。また教えたことに関してはノートに書く時間を設けて書かせる、もしくは期限を決めてノートに書いてもってこさせる

③CHECK…②で書いたノートをチェックして、きちんと書いてあれば褒める

④ACTION：③でチェックしてわかった後輩の疑問に答え、成長への課題を見つけて、次の指導をする（以下①〜④の繰り返し）

【ワンポイント・アドバイス】

後輩だけにノートをとらせるのではなく、先輩と後輩で1冊のノートを共有して交互に記録するという方法もあります。交換ノートです。後輩にもたらす効果は次のとおりです。

・具体的かつ個別のフォローができる
・後輩の悩みや課題を見つけやすくなる
・先輩が書く以上、後輩も書かざるをえなくなる
・後輩とコミュニケーションがとれるようになる
・一緒に書くことで、押しつけられた感が和らぐ
・後輩に書き方の手本を見せてあげられる
・学ぶ姿勢を先輩自らが示すことで、成長を促すことができる
・将来、後輩にとってノートが宝物になる

目標を定めて飛び立ちます

アイちゃんが飛び立つときのようすをみていると、どこに飛びたいのかわかります。アイちゃんは、じっと目的地を見つめ、小さな頭を前後左右に振って、羽ばたく準備をしてから飛び立ちます。

その目的地はアイちゃんの大好物です。特に湯気が立っている温かいご飯が大好きなので、ご飯を食べていると食卓にやって来ます。冷や飯を食べていても来ません。しっかり者です。目標がないと動かないのは、人間もセキセイインコも同じようです。

悩み3－7

得意じゃないことは教える自信がありません。質問されたら困るしバカにされたくありません

でも、いいチャンスじゃないの？

カンペキな人なんていませんよ

後輩の前で恥をかきたくないという気持ちはよくわかります。私も昔そうでしたから。できるなら恥なんかかきたくないものですよね。でもね、生きていくってこと自体、恥を積み上げていくようなものなのよ。この歳になると恥に耐性ができるというか、たくましくなってくるものです。

プライドをもつことはとても大事なことです。でも、気負いすぎるのも考えものね。だって苦しくなるでしょ。そもそも、何でも完璧にできる人なんていませんよ。スーパーアスリートのオリンピック選手だって得意種目があるじゃないですか。凡人の私たちに得手不得手があるのは当たり前です。

もし、わからないことを後輩から質問されたら、「そこはわからないから、一緒に調べてみようか」と答えればいいじゃない。むしろ後輩と打ち解けるきっかけになるかもしれないですよ。知ったかぶりや、ごまかすのは絶対ダメ。必ず見抜かれますし、かえって窮地に追い込まれます。

どうしてもバカにされたくないと思うのなら、勉強するしかありません。そもそも、自分ができるのと、人に教えられるのとでは大きな差があります。人に教えるためには、基礎知識をしっかりもっていないといけないし、周辺知識も必要です。たとえ得意な分野であっても、自己流になっていないか、はしょっていたところはないか、など見直したり、補ったりする必要があります。つまり、得意な分野であってもなくても、教える側に立ったら勉強が必要だということです。

いい機会じゃないですか。みんな先輩たちは、同じように勉強して教えていたんだから、あなたも勉強しましょうよ。これは順番ですよ。前向きにとらえてがんばってね。

私のことをお話ししましょう。私だって、いまもわからないことだらけだから、自分なりの対処法をもっています。それは、まだ作成途中なんですが「お助けノート50人」というノートです。わからないことがあったときに、だれに聞けばいいのかをまとめたノートです。このノートには、その人の名前と連絡先、お助け内容が書いてあります。業務のことだけでなく、たとえばパソコンの使い方がわからなければ○○さんに、おいしいケーキ屋さんを知りたければ△△さんに聞く、というように困ったときにだれにＳＯＳを出したらいいのかが一覧になっています。このノートは私の強い味方です。

自分に魔法をかけてみたら

私は、研修講師として全国を回っていますが、講師になりたての頃は、「うまくいくかなあ、失敗したらどうしよう」と、その場を逃げ出したくなる思いになったことが幾度もありました。いくら勉強して準備をしても、その不安は離れませんでした。

大物といわれる俳優や歌手でさえ、毎回、舞台の幕が上がる前は緊張や不安で、人によっては震える手をマネジャーさんなどに握ってもらっているそうですから、私が不安に震えるのも当たり前です。こうした理屈は、頭ではよくわかっているのですが、どうにも弱ったものです。

いつしか自分に言い聞かせるようになった言葉があります。それは「大丈夫」です。「あれだけ準備したんだから大丈夫」「もし失敗しても命までとられるわけじゃないから大丈夫」「大丈夫、大丈夫」と、自分に言い聞かせていました。自分で自分に魔法（自己暗示）をかけていたんだと思います。この「大丈夫」という言葉は私の口癖でした。でも、ふと気づいたらいつの間にか「大丈夫」と言わなくなっていました。

いまは、ほとんど「大丈夫」と言わなくなりましたが、どうしても不安が湧いてきたときには魔法をかけるようにしています。あなたも、自分なりの魔法の言葉をみつけてみてください。

ちゃんと観察していますか？

ここからは、後輩に教えるときの実践テクニックをお話しします。教えるときに意識してほしいことが二つあります。一つ目は「相手を観察する」こと。二つ目は「自分からの働きかけを工夫する」ことです。人の性格、理解力、器用さ、得手不得手などはまさに十人十色です。後輩に合わせて教えてあげないと、理解してもらえません。

まずは一気に説明せずに、小分けに説明するようにします。そして後輩のようすをよくみます。これが「相手を観察する」です。理解できているか、集中できているか、意欲的か、不満はなさそうか、つまらなそうにしていないか、などを観察します。直接「理解できている？」と聞いても「わかります」と言うだけですから、日頃のようすと比べて感じ取るしかありません。

もし、つまらなそうだなと思ったらアプローチ方法を変えてみます。後輩は自分に必要だと思っていない可能性があるので、どう

してその知識やスキルが後輩にとって必要になるのか事例などを交えて説明してみましょう。ラジオのチューニングをするように、相手の周波に合わせるイメージです。このようにして、後輩が興味をもつ切り口を探ります。これが「働きかけの工夫」です。工夫の仕方は、頭に入りやすい言い回しに工夫する、自分の失敗談や経験を交える、みやすい資料を用意する、などいろいろあります。

さて、後輩をよく観察して、理解できていると思ったら、いよいよアウトプットです。実際にやらせてみましょう。たとえば店頭での接客。後輩の横に座り、後輩のようすを観察します。何か困ったしぐさをしたら、すぐに助けてあげてくださいね。そしてまた「働きかけの工夫」です。後輩がつまずいたのはなぜなのか、理解が足りないのか、パニックになりやすい性格なのか、原因に応じて継続的なフォローをしてください。

後輩はどのタイプかしら

私もかなり個性的だけど、人はみんな個性的なものです。ダイバーシティ（4

―2参照）というけれど、多様性を受け入れることが必要です。たとえば、同じことを言っても、その反応はさまざまです。友人から「最近どう？」と聞かれたら、あなたはどう答えますか？

①「とっても元気よ。先週の日曜日はねぇ、○○に行ったし」と楽しそうに話し続ける
②「えっ、どうって？　仕事のこと、それともプライベート？」と逆に質問する
③「元気よ。どうしたの何かあったの」と相手の心配をする
④「まあまあよ…」とポツリと答える

どうですか、答え方に個性がにじみ出ていると思いませんか。これは人のコミュニケーションスタイルを四つのタイプに分ける考え方です。

この考えによると、それぞれの特徴を①はとてもエネルギッシュな行動派タイプで何でも自分から進んでやるタイプ、②は客観的で冷静な理論派タイプ、③は協調性があって、おせっかいさんタイプ、④は自信家で人から指示されるのが嫌

いなタイプ、というように分析しています。
ここで紹介したのは、ひとつの考え方ですが、相手に合わせて相手が答えやすい質問をしてあげることも大切だと思います。

【ワンポイント・アドバイス】
「教える」とは、教えた相手がそれを理解して、できるようになることをいいます。最後に、「教える」ことを五つのステップに分解してやるべきことを整理します。参考にしてみてください。

第一ステップ　準備の段階で動機づけ
・後輩の長所や短所、行動力の有無、など相手をよく知る
・後輩が緊張せずに参加できる環境をつくる
・後輩が教えることについて、どの程度理解しているのかを把握する

第二ステップ　ゴールを示して内容を説明し、やってみせる

・これからやる仕事の流れを説明し、最終のゴールを示す
・内容を説明するときは、三つの要素を入れる
①なぜやるのか（目的、理由、全体のなかの位置づけ）
②なにをやるのか（内容）
③どうやってやるのか（やり方）
・やってみせるときは、「ここをみてほしい」などと、特に重要な部分を伝える
・もし、自分ができなければ、できる人の力を借りる
・やってみせた後、どう思ったのか感想を聞く

第三ステップ　実際にやらせてみる

・初めにどうやってやるのか、やり方を本人に聞く
・今日はどこまで習得するのか、今日のゴールを決める
・やっている間は途中で止めずに、観察する

第四ステップ　教えた効果を確認する

・やってみた感想を聞く（できたこと、できなかったこと等）

・みていて、よかったことと、できたことを褒め、できていなかったことを伝える

第五ステップ　教えた後のフォロー

・改善策への対応　できなかったことはその原因を把握し、できるように指導する

・教えたこと、やるべきことの再確認

・次の目標に向けての声かけ

不安だから準備する

いまのピーちゃんたちは3代目になります。お迎えするにあたって特別な準備はしませんでした。鳥かごも初代ピーちゃんから使い続けているものです。

しかし、初代ピーちゃんのときは大変でした。わからないことだらけで、とても不安です。そこで事前に飼育本を何冊も読んで、何を食べるのか、日常の注意点は何か、病気になったらどうするのか、など飼い方の基礎をしっかり勉強しました。こうして、安心して小さな同居者を迎え入れることができたのです。準備は不安を取り去ってくれました。

悩み3－8

ミスを注意すると「教えられていません」「聞いていません」と私のせいにします

ひどいよね、教えていたのにね

「うまい手洗い」が手本よ

もう頭にくるわね、こういう後輩。このケースは、指導する先輩に落ち度がない可能性が高いと思いますよ。すべての後輩が正直者とは限りませんから、先輩は、自分の身を守るすべを身につけることも必要かもしれません。

ではその方法を考えてみましょう。まずは、「教えられていない」と言えないようにシッカリ教えることです。もしかしたら、後輩は教えてもらいながら、教えてもらった意識がないのかもしれないからです。ここで、ちょっと教え方をおさらいしてみましょう。

新聞記事に、手洗いの教え方の記事が載っていました。これぞ教え方の見本といえるのでご紹介します（２０１４年1月19日東京新聞朝刊　保健学　近森けいこ氏）。

「汚れやばい菌を洗い落とすには、六カ所に分けて洗うよ。キーワードは「ひらこう先へその間、親は首長く。「ひら」は手のひら。せっけんを泡立て、両手のひら全体に行き渡らせて。「こう」は手の甲。左右交互に洗ってね。「先」は指先。手のひらに五本の指先を当てて、つめの汚れも落とすよ。残り三カ所は、指の「間」と「親」指、そして手「首」。指の間は組んだ指をずらしながら洗うの。親指は逆の手で握ってその中でぐるぐる回転。手首も同じ。洗うのに三十〜五十秒かけてね」

どうですか、ただ「手を洗いなさい」ではなく、どういう順番で、どこを、どのように洗うのかが具体的に示されていると思いませ

んか。教えるときは、ポイントを示して、細かく、具体的に教えることが大切です。

私は「うまい手洗い」を、教えるときの手本にしています。

「うまい手洗い」をあいさつの仕方を教える場合に応用してみると次のようになります。かなり具体的に教えることがわかると思います。ここまで教えれば、後輩は「教えられていません」とは絶対に言えないと思いますよ。

①相手の目をみて、足をそろえて真っすぐに立ちます。このとき、指先もまっすぐそろえるときれいにみえます。

②次に相手の目をみながら、笑顔で「おはようございます」と言って、お辞儀をします。このときのポイントは頭だけを下げないこと、言葉と同時にお辞儀を始めないこと、言葉を言ってからお辞儀をします。また、背筋を伸ばして腰を軸にして身体を傾けることも大切です。

③お辞儀の角度は30度ぐらいを目安にします。30度とは、自分の目線が自分の足

元から1メートルあるいは1メートル半ぐらい先にくるくらいです。

④身体を起こすときは、倒すときよりもゆっくりとすると丁寧にみえます。また、身体を起こした後には相手の目をみることも忘れないようにしましょう。

白状できないムードだったりして

教え方の振り返りが終わったところで、次は素直に自分の非を認めようとしない後輩にどう対処したらいいのかを考えてみましょう。素直に謝れば気が楽になると思うのにそれができないのよね。でも、こういう人って、後輩に限らずたまに見かけませんか。ひどい場合は、逆ギレして攻撃してくる人もいます。こうなると、こちらは恐怖すら感じます。

しかし、なぜここまでかたくなに自分の非を認めないのでしょうか。理由としては二つ考えられます。

一つ目は、組織のありようの問題です。日常、だれかがミスをしたら、ものすごく叱責（しっせき）されたりしていませんか。誤解しないでくださいね。あなたがそうしているということではなく、職場全体にそうした雰囲気はないですか。重苦しく、ピリピリとして息詰まるような空気が漂っている感じでしょうか。こういう職場だと、わからないことがあっても聞きにくかったり、ミスをしても正直に言えなかったりしますよね。

そうはいっても、ミスは対応が遅れると大ごとになります。あなたは、後輩に「ミスをしたらすぐに言いなさい」と言い続けるしかありません。ここで肝心なことは、後輩がミスを正直に報告したときには「すぐに報告してくれてありがとう」と褒め、ミスを隠したり言い訳したりしたときはシッカリ注意することです。これを繰り返すことで教え込むしかありません。

二つ目は、後輩自身のありようの問題です。先輩に聞かずに自分で判断して、ミスを引き起こしたのですから、弁解の余地はありません。すぐに報告して謝るのが当然です。教えられているかいないかは関係ありません。仮に教えられていないことだったとしたら、なおさら勝手に判断せず、聞きに来るべきです。「教えてもらったことでなければ、ミスをしても許される」とでも言いたげな態度は、厳しく指導しなければいけません。

このような後輩には、「自分がミスをしたことは事実でしょう。自分が判断してやったことなんだから、まず謝って、すぐに対処しないと。もし、教えられていないことなら、なおさら私に聞きに来なきゃダメじゃないの。こんな言い訳をしていたら、だれもあなたに仕事を頼まなくなるわよ」などと指導したらどうでしょうか。この後輩には、早いうちにビシッと言う必要があると思いますよ。

ノートに書くようにしたらどう

後輩との間で「言った、言わない」が繰り返されるようなら、細かくノートに書くようにしたらどうかしら。教えたことをノートに書かせて、それをその場でみて、教えたことと、説明のもれ、後輩の理解度をチェックして、あなたが日付とサインを書くのです。

ノートを見返さないタイプの後輩には、指導した後日、指導した点についての感想を書かせるようにしたらどうでしょう。先輩が後輩の感想を読んで、補足説明などを書きます。ちょっと手間ですが、ノートを見返す習慣をつけることになり、後輩の理解度も確認できますので、実践してみてください。もしミスをして言い逃れをするようなら、そのノートをもってこさせて「あなたは、ここに『わかりました』と書いているじゃない！」と厳しく追及します。

後輩にノートを書かせるのと同時に、あなたも後輩の指導ノートを書くという方法もあります。いつ、どのようなことを、どのように教えたのか、そのときの後輩のようすや質問されたことを書いておきます。仕事以外の会話や後輩の反応（楽しそう、夢中になって話していたこと）なども記入しておくようにすると、後輩の素顔を垣間見ることができますよ。

ごほうび、意地悪？

ピーちゃんとアイちゃんは、菜箸（調理に使う長い箸）にすごく反応します。でも、反応の仕方はまるで正反対。ピーちゃんは、細長い箸が怖いようで、私が箸を手にとると部屋中を飛び回って、私に寄りつきません。箸から逃げ回っているようです。

一方、アイちゃんは箸を目の前に差し出すと、両方の羽を羽ばたかせ、箸に向かってきます。片方の羽で箸を押さえて、大好きなおもちゃとじゃれるようにかじりだします。

あまりかじられても困るので、引っ張って離そうとすると、あの小さな体のどこにそんな力があったのかと驚くほどに抵抗します。ピーちゃんとアイちゃん、とらえ方が違えば、反応もこんなに違います。

悩み3―9

後輩は、わからないことがあると、指導係の私ではなく、ほかの人に聞きに行きます

もしかしてダブルバインドしちゃった？

後ろめたかったんじゃないの

「何でほかの人に聞きにいくのよ！」って言いたくなりますよね。だって、わからないことは指導係に聞くことになっているのにね。

きっと、あなたは自分なりに指導計画を立てて、それに基づいて順序立てて教えていたんですよね。せっかく忙しいなか時間を割いて、いろいろ考えて後輩指導しているのにひどいよね。いい気持ちはしません。「私が指導係じゃ不満なの？」と思っちゃいますよ。

後輩だって、途中でほかの人に教えてもらったら、順序立てた理解ができなくなるかもしれません。人によってやり方が違ったら混乱してしまうかもしれません。なにより、あなたにバレたら怒られるに決まっています。

それなのに、なぜこの後輩は、ほかの人のところに聞きに行ったのかな。何か思いあたることはないですか。私には「もしかしたら？」と思い浮かんだことが二つあります。

一つ目は、後ろめたさです。私も身に覚えがあります。私の体験をお話しします。私を指導してくれた先輩は、とても怖かったけれど、頭がよくて仕事ができて、私のためにいろいろ考えてくれる人でした。それなのに、私は、わからないことがあったとき、ほかの先輩のところに聞きに行ってしまったのです。

ある日、仕事をしているなかで、やり方がわからなくなったことがありました。私はノートを読み返しました。先日も先輩に教えてもらったことがわかりました。私は必死にノートをめくりましたが、書いたはずのメモが見つかりません。たしかに教えてもらった記憶はありました。しかも2回も。でも、教えてもらった内容がサッパリ思い出せません。いま思うと少しパニック状態になっていたのかもしれません。

先輩に聞きに行きたかったのですが、さすがに3回も同じことを聞くわけにもいきません。間違いなく「ちゃんと聞いていなかったの！」と怒られます。私は、コソコソとほかの先輩のところに聞きに行きました。怒られないために保身を図ったのです。

私は、教えてもらっていない振りをして、ほかの先輩に教えを請いました。その先輩は私が教えられていないものと思って、優しく丁寧に教えてくれました。私は、それに味をしめました。優しいその先輩に何度も聞きに行ったのです。やがてバレました。結局、指導係の先輩にいままでの分まとめてガッツリ締め上げられました。

優しい先輩と指導係の先輩は、同期でツーカーの仲だったのです。きっと、優しい先輩は、「こんなに聞きに来るなんておかしいぞ？」と思って、指導係の先輩と情報のすり合わせをしたのだと思います。こんなことなら、最初から指導係の先輩に聞けばよかったと思いました。苦い思い出です。

さて、ここからはあなたの後輩のことを考えてみましょう。もしかしたら、昔の私と同じことになっていないかしら。「教えてもらったことを忘れてしまった」「復習をきちんとしていなかった」「ノートをいいかげんに書いていた」、これらのことをあなたに注意されたくないと思って逃げたんじゃないのかしら。昔の私なら「だって先輩、忙しそうだったんですもの」なんて言い訳をしそうですが。

このような場合の指導法は、「ガッツリ注意する」です。「ほかの先輩のところに聞きに行っているでしょ！　ちゃんとわかっているんだからね！」と強く言ってやりましょう。後輩には、後ろめたい気持ちがあるので、効果てきめんです。

しかし、頭ごなしに注意すると、感情的な反発を招くので、そうしてはいけない理由も説明するようにしてください。たとえば、「あなたが立てたプランに基づいて計画的に指導していること」「わからないことを把握していないときちんと指導できないこと」「いろいろなやり方を教わると混乱してしまうこと」などです。

先輩にならないとわからないことがあります。後輩にはまだそれがわからないから、あなたの後輩は、ちょっと逃げ出してしまったのだと思います。ここは広い心でヒヨコを許してあげましょうよ。

ダブルバインド

私のなかで思い浮かんだこととの二つ目は、「ダブルバインド」です。もしかしたら、あなたの後輩は、一時的に「ダブルバインド」状態になっていたんじゃないかしら。「ダブルバインド」は、「二重拘束」と訳され、二つの異なる内容のメッセージを受け取った人が、混乱や緊張を感じて、身動きがとれなくなることを意味します。

たとえば、「わからないことがあったら必ず聞きに来なさい」と後輩に命令（一次的禁止命令）しておきながら、後輩が聞きに来ると「こんなこともわからないの？　いちいち聞きに来ないで自分で調べなさいよ！」というように、前の命令（一次的禁止命令）と相反する命令（二次的禁止命令）を出して、後輩が身動きできなくなるパターンです。どちらの命令に従っても、先輩から激しく怒られることから、後輩は混乱し、精神的な苦痛や緊張から身動きがとれなくなります。この「ダブルバインド」になる命令は、ついやってしまうことなので気をつけてください。あなたに悪気がなくても、後輩にしてみれば、相反する命令を受けたことで、精神的に大きな苦痛や緊張を感じます。

あなたと後輩の間に、このようなことがあったとしたら、後輩の行動は責められません。後輩がほかの先輩から教えてもらっているのを見聞きしたら、後から

「さっきはごめんね。どうしても手が離せなくて質問に答えてあげられなかったのよ。何か困ったことがあったの？　どんなことを聞きたかったの？」などと優しくフォローの聞き取りをして、お互いの心の溝を埋めておきましょう。

「ダブルバインド」にならないようにするには、最初の命令（指示）をするときに、たとえば「わからないことがあったらいつでも聞いてね。場合によっては手いっぱいですぐに答えられないときもあるけれど、そのようなときは、質問をメモに書いて渡してもらえれば、後でちゃんと答えるからね」とか「もし、緊急に対応しなければいけないことが起こったときに、私がいなかったり忙しそうだったた

りしたら役席者に聞いてね。事前にお願いしておいてあげるから」というように、あらかじめ二次策、三次策を後輩に示しておくのもひとつの方法です。

ルールは守りましょう

コザクラインコのピーちゃんの話です。彼はとても賢く、学習します。たとえば晩ご飯のときに鳥かごから出してあげるようにすると、その時間には、出してもらえるものだと学習します。プリさんが、昼間に出してもらっていても動じません。じっと自分の番を待っています。自分は晩ご飯のときに出してもらえて、人間のご飯を一緒に食べることができると信じているのです。

しかし、人間の体調がよくないときもあります。鳥さんと遊ぶ気がしないこともあります。そのような日は出してあげないのですが、彼は納得しません。「食卓に食べ物が並び始めているのに、自分は出してもらえない。おかしい！」と言わんばかりに、扉をガチャンガチャン上げ下げして抗議します。背中の羽を逆立てて怒ります。ピーちゃんだって動物です。約束をたがえれば、怒ったり、不信感をいだいたりするのは当然です。

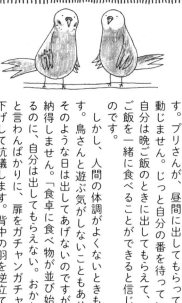

第4章　コミュニケーションに悩む

悩み4－1

コミュニケーションをよくするために、食事やお茶に誘うのですが断られます。業後は会社の人と話したくないみたいです

ところで後輩の好物は何ですか？

まずはリサーチしなきゃ

私があなたの後輩ならうれしいけどなあ。だって、業務が終わってから、自分のプライベートの時間を削ってまでして私のことを気にかけてくれているのですから。たとえ都合が悪くて行けなかったとしても、また、気後れして「行きます」と言えなかったとしても、先輩の「あなたのことを気にかけているのよ」というメッセージは、しっかり感じられますからうれしいものです。でも、あなたの後輩はそうではないみたいね。

ところで、あなたはどうしてこの後輩を誘おうと思ったのかしら。普段のコミュニケーション不足を補おうと思ったのかな。それとも後輩との関係に何か問題があって、それを修復したいと思ったのでしょうか。いずれにしろ、それは先輩のあなたにとってメリットになることですよね。

でもあなたと業務時間の後にコミュニケーションをとることは、後輩にとってもメリットがあることなのかしら。少しこのあたりを一緒に考えてみましょう。後輩が、先輩と一緒にお茶や食事に行ってもいいと思うのはどういう場合でしょうか。言い方を変えると、後輩にとって行くメリットがあるのはどういう場合だと思いますか。私は次のように考えました。

①行ってもいいと思う場合（行くとメリットがある）
・誘ってくれた人が好きだから
・たまたま暇で退屈していたから
・そのレストランの料理を食べてみたかったから
・おごってもらえそうだから
・断ると気まずくなりそうだったから

②行きたくないと思う場合（行くとデメリットがある）
・誘ってくれた人とは気が合わないから

・そのレストランの料理がきらいだから
・都合が悪かったから、体調がよくなかったから
・思想信条上の都合で行きたくなかったから
・公私の区別をシッカリつけたいから

だれかを誘う場合は、相手のことを考えて誘わないとうまくいきません。相手の好みなどを探って、相手が行きたいと思うように、つまり行くメリットを感じられるようにすることが大切だと思います。いつ誘うのかについても、相手の都合を考えてあげないといけません。もしかしたら後輩は、「もっと前に予定を聞いてくれればいいのに、急に明日とか言われても、その日はお稽古の日だし無理」と考えたのかもしれません。まずは、誘う前に後輩の好みや都合などをリサーチしてみたらどうでしょうか。

話を聞いてあげている？

ここでちょっと私のことをお話しします。私は、失敗したり悩んだりしたときにだれかに話を聞いてもらいたいほうだから、先輩から誘われれば、業務後に食事に行くこともありました。食事をしながら、プライベートなことを相談したことだってあります。

しかし、こんなことがありました。その先輩は、最初のうちは私の話をよく聞いてくれていたのですが、途中から「ああ、そういうときはこうするのよ。なぜこうしなかったの」などと、いつの間にか一方的なお説教になっていました。親切心から話してくれたのだとは思いますが、先輩の話を聞いている時間が長くなるにつれて、一緒にいるのが嫌になってきました。それ以来、その先輩との会食は避けるようになりました。

月日はだいぶ流れて、私はいまの仕事である研修講師になりました。講師になりたての頃は、「あれも言わなくちゃ」「これも教えてあげなくては」「みんなにわかってもらいたい」という思いが強すぎて、振り返ってみれば、一方的な講義になっていたように思います。聞く受講生にしてみれば、説教をされているように感じられたのかもしれません。どうも受講生の反応がいまひとつだったのです。

どうしたらいいのかわからず悩んでいたそんなある日、アイドルグループのコンサートに行く機会がありました。開演5分前になったとき、場内に注意事項のアナウンスが流れました。「みなさん、場内では飲食禁止ですよ」「飲み物はロビーに出て飲んでくださいね」という、妙にフレンドリーなアナウンスでした。どうやらアナウンスは、アイドルグループのメンバーの一人ひとりが担当していたようです。

アナウンスのたびに、会場からは「はーい！」という大きな返事が一斉に返されました。ビックリでした。「えっ、若い人でも返事するの？」。若い人を相手に研修していて反応がなかった私にとっては本当に衝撃的でした。だって、ただの場内アナウンスにこの反応ですよ。いったいなぜなのよ？

私の疑問は、彼らと一緒にコンサートをみているうちに解けました。大好きな人が言った言葉だからだったのです。当たり前といえば当たり前のことでした。そのときに気づいたのです。「まずは好きになってもらわないといけないんだ」ということに。それで、今度は好きになってもらうにはどうしたらいいのかを一生懸命に考えました。たどり着いた答えは、「とにかく相手の話をたくさん聞く」です。かつて自分が先輩から説教をされたときのことを思い出しました。いつの間にか自分があの先輩のようになっていたのです。

それからは、たとえ私と違う意見であっても、「さすがにそれはどうなのよ」と言いたい話であったとしても、「そうなんだ。そういうふうに思ったのね」というように、とにかくまずはシッカリと相手を受け入れることを意識するようにしました。

これって、実はけっこう大変なことで、話をジッと聞いていると、どうしても途中で口を挟みたくなってしまいます。そんなときは、「聞くんだ」「聞くんだ」と頭の中でつぶやいて、とにかく聞くことに集中しました。やがて意識しなくても、相手の話を聞けるようになってきました。気がつくと、あれほど反応が感じられなくて遠い存在に思えた受講生との距離が、ググッと縮まって、間近に感じられるようになったのですから、おもしろいものです。

あなたも、まずは後輩の話をよく聞いてあげて、心の距離を縮めるところから始めてみたらどうかしら。

もし、あなたが後輩の趣味に合わせたり、相手の話を聞く努力をしたりしても、態度が変わらないようなら、それはそれとして受け入れるしかありません。いいじゃないですか、精いっぱい努力したんだから。もしかしたら相性の問題かもしれないじゃない。

後輩が、割り切ったビジネスライクなつきあいをしたいというのなら、ビジネスのなかでコミュニケーションをとるようにすればいいんです。たとえば、朝のあいさつはもちろん、廊下や洗面所ですれ違った際に、必ずひと声かけたり、昼食を一緒に食べながら話しかけたり、退社時にも意識して一声かけたりするなど、業務時間中の会話を段階的に、そして意識的にふやしていくようにしたらどうかしら。きっと、いい関係になっていくと思いますよ。

離れると心も離れる

かつてピーちゃんとアイちゃんは、一つの鳥かごに入れていました。ブランコこそ二つありましたが、同じエサ入れからエサを食べ、同じ水入れから水を飲み、寄り添って眠り、ブランコに揺られていました。外で遊んでいるときも、いつも寄り添っていました。ケンカなどみたことがありません。

ところが、事情があって鳥かごを別々にしてみたら、鳥かご越しにケンカをするようになったのです。外に出してあげても、別々の所にとまって、距離をおくようになってしまいました。あれほど仲がよかったのに不思議です。

動物は、物理的な距離などで、相手と接触する頻度が減ると、心理的な距離が広がるようです。そばにいることもコミュニケーションなのです。

悩み4-2

後輩とは気が合いません。正直に言うと好きになれません

それでもいいじゃない

共通点は探したのかな？

そうですか、後輩を好きになれないのね。「好き」を英語に翻訳すると「ＬＩＫＥ」ですよね。「ＬＩＫＥ」には、「好き」という意味のほかに、「同様な」という意味もあるんですって。

後輩のことを「好き」になれないのだったら、あなたと共通（同様な、類似の）する点を探してみたらどうかしら。いつだったか、テレビ番組でタレント好きの一般人を特集した企画がありました。番組のなかで、そのタレントを好きになった理由を聞くシーンがあって、参加者たちは自分とタレントとの共通点をあげて、そこに親近感を覚えたと答えていました。たとえば、名前が同じ、生まれた場所が同じ港町、趣味も同じ野球、誕生月も同じという具合です。

この番組の参加者たちは、タレントに親近感を覚えたことで、好きになっていったようですが、あなたも同じように、まずは後輩との共通点を探してみたらどうですか。たとえばお互いにサッカーが好きだったら、なでしこジャパンの話をしてみたら案外盛り上がるかもしれません。そういうことって本当によくあることです。

もし、共通点も見つからないようなら、その人とコミュニケーションをとる機会を意識してふやすようにしてみるのはどうですか。話しやすい人や気が合う人よりも、声をかける回数を多くなるように意識してください。人間関係の良しあしは、コミュニケーションの量に比例します。

それでも、どうしてもうまくいかないようなら、本当に相性が合わないのでしょう。指導に影響するようだったら、その後輩と相性のいい先輩に指導係を替わってもらえるように、上司に相談してみるのもいいと思います。上司だって、あなたがそこまで努力したにもかかわらず、指導に支障をきたしているという事実を知れば、前向きに考えてくれるはずですよ。

カレーライスはいかが？

ところで、あなたは「後輩と仲良くならなきゃいけない」と意識しすぎているんじゃないの？　職場は仕事をする場なんだから、絶対に仲良しにならないといけないということはないのよ。

チームワークをよくして、協力して仕事に取り組んでいくようにする必要はありますが、それは決められた目標を達成するための手段であって、目指すべき目的ではありません。それに、コミュニケーションは、仲良しにならないととれないものでもありません。仕事を遂行するうえで必要な情報が、確実に伝えられて、確実に実行されれば、それでいいんです。私はそう思います。それがうまくいかないから、「コミュニケーションをもっとよくしよう」という意識改革が求められるんです。だから、無理やりに仲良しになれということではないんです。

「ダイバーシティ」という言葉を聞いたことがあるでしょ。「ダイバーシティ」とは日本語に翻訳すると「多様性」です。年齢、性別、人種、民族、言語、文化、趣味、ライフスタイル、そして価値観といった人の多様性を認めて、それぞれを生かすことで、組織の活力を高めようとする考え方です。簡単にいうと、同質な人だけでチームをつくるのではなく、異質な人（いろいろな人）を集めてチームをつくることによって、革新的で創造性のある組織にして、もっと成果をあげようという考え方です。意見のぶつかりあいや、違う視点からの新しい提案をもとにして、革新的な飛躍を目指したいわけです。これまでの日本の会社のような、同質の仲良し集団とはまったく違う組織づくりです。ここで、ダイバーシティを掲げる会社に勤めた友人から聞いた話を紹介しましょう。

「考え方がまったく違うし、みんな自分に自信があるので、仕事をするうえで衝突することは日常茶飯事だったわ。でも、みんな相手の専門分野や能力を尊重しあい、ひとつの目標に向かって仕事に取り組んでいた」

組織には、いろいろな考え方の人がいます。あなたと気が合う人もいれば、気が合わない人もいるでしょう。でも、職場は「仕事」をするための場であり、仕事を効率的・効果的に遂行するために部・課などのチームが組成されています。そして、そのチームは（うまく機能させることができれば）異質な人の集まりのほうが、高い成果を期待することができます。だから、職場は変わり者の集まりだと思ってみたらどうですか。

カレーライスを思い浮かべてください。あなたは、どんな具材でカレーをつくりますか。たぶん、ジャガイモ、ニンジン、玉ねぎ、お肉、それからいろいろな香辛料などを入れて煮詰めていきますよね。ジャガイモだけとかニンジンだけでつくられたカレーというのはないでしょ。だっておいしくないものね。いろいろな素材を、ひとつの鍋でグツグツ煮るから、あのおいしさが出てくるんだと思います。複数の要因が重なることによって、それら個々がもたらす効果を合わせた以上の効果が生まれる「相乗効果」です。

しかし、どうしても気が合わない後輩も必ずいると思います。その場合は、無理して仲良くなる必要はありません。でも、偏見をもたずに評価すること。一緒に仕事をする仲間だという意識は常に忘れないでください。同じ目標に向かって、意見を出し合って、それで成果をあげられればいいじゃないですか。おいしいカレーライスをつくりましょうよ。

ゴン太は若い女性が好き

バードショップにいるヨウム（インコの種類）のゴン太の話です。鳥を飼っている人ならおわかりでしょうが、鳥は人間の男女を瞬時に見分けます。不思議です。ヨウムのゴン太は男の子なので、女の人が大好きです。特に若い女性がお気に入りです。

たまに店内に放鳥されていますが、そのときに若い女性が来店すると、目ざとく見つけ、サーッと飛んでいき、肩に乗って芸を披露します。男性にはいっさい目もくれません。

インコは大型になるほど賢くなり、自分で飼い主を選ぶようになります。嫌な人が声をかけても無視しますが、気に入った人がみえたら、たとえ遠くであっても、鳴きながら金網の間から手（足）を出してコイコイと招きます。近寄って手を握ってあげると、頭をカイカイしてくれとスキンシップを求めます。「かわいいでしょう」オーラ全開です。こうも態度が違うのかと驚くばかりです。動物には、本能的な相性というのがあるのですね。

悩み４―３

お客さまとの話題に悩んでいる後輩にどうアドバイスしたらいいのでしょうか

笑顔で話せているのかしら？

釣りと同じなんだけどなあ

あなたの後輩は、お客さまとの話題に悩んでいるのね。でも会話のネタって、相手があることとなので、先輩が後輩にあげるものではなく、後輩が探すしかないものだと思います。あなたは魚釣りをしたことがあるかしら。必ず針先にエサをつけるでしょ。そのエサは、ねらった魚によって付け替えていますよね。相手（魚）に合ったエサじゃないと、相手（魚）は絶対に食いません。じゃあ、最適なエサは、どうやって見つけたらいいのかというと、その魚に興味をもって、習性や好みを調べて、最適なエサを見つけるしかないじゃない。

接客も同じだと思います。まずはお客さまに興味をもたなきゃ。では、お客さまの関心事やお好みはどうやって見つけたらいいのか。それは「よくみて」「よく聞く」ことです。ヒントは、すでにお客さまが示してくれているはずです。たとえば渉外なら、お客さま宅の玄関内で見回してみてください。花瓶に花は生けてありませんか。それは丹精込めて手入れをしているお庭の花かもしれません。絵が飾っていませんか。何か思い出の絵かもしれません。その人が「みてほしいモノ」は玄関内や応接間に並べられているはずです。それを見つけて、「これは何ですか」と聞いてあげればいいんです。窓口係なら、お客さまの服装、持ち物など身につけているモノをよくみることです。身につけているモノは、その人のお気に入りのモノのはずです。それを見つけて聞いてあげます。

聞くといっても、それが何かを知るために聞くのではないですよ。褒めるために聞くんです。例をあげてみます。

「今日のお洋服、すてきですね。建物内にずっといると季節を感じることなんかないんです。そうか、もうアジサイの季節なんですね。○○さんはアジサイがお好きなんですか？」

「すてきなストラップですね。とってもキレイ。もしかして、北陸新幹線で旅行に行かれたんですか？　いいなあ。それ金沢の金細工ですよね。私も好きなんですよ」

どうですか、お客さまが発信している情報を見つけて、聞いて、それを褒めていますね。この後、話がはずみそうでしょ。

プレゼントはあなたの笑顔

ちょっと待って、考えてみるとこの後輩の悩みは不自然ですね。もしかしたら、後輩はお客さまと会話をする以前の関係づくりの段階でつまずいているんじゃないかしら。だって、お客さまと打ち解けた関係になっていれば、話題なんていくらでも湧いてくるからです。

きっとこの後輩は、お客さまとの関係づくりをしないうちにセールスして、断られたんじゃないの。それで、「なんとかしなきゃ」と思ってお客さまと話をしてみたけれど、今度は会話が続かない。どんな話をすれば、お客さまと打ち解けた会話ができるのかわからなくなって悩んでいるというパターンかな。

でもね、いきなり相手が打ち解ける話題なんてあるわけないですよ。少しずつ心を開いてもらうしかありません。ギブ＆テイクという言葉があるけれど、あいさつと同じように、まずこちらからギブしないと。では何をギブするのか。それは「笑顔」ですよ。「和顔施」の話を前にしましたが、サービスはなくても笑顔というプレゼントがあるじゃないですか。初対面のお客さまの場合、うまく話をするとか、気の利いたことを話すよりも、お客さまに気に入ってもらうのが先決です。

人の印象は15秒で決まるといいます。これは、『真実の瞬間』ヤン・カールソン著（ダイヤモンド社）のなかで紹介されて有名になった話です。では15秒で何ができるのか。ほんのひと言と笑顔です。笑顔は「私はあなたの味方です」というメッセージになるから、相手に安心感を与えます。また、元気な笑顔

はエネルギーを感じさせます。明るくエネルギッシュな人は、人をひきつけるでしょ。お客さまを、あなたの笑顔で元気にして差し上げましょう。関係づくりは笑顔からです。先輩が笑顔の手本を見せてあげてください。ポイントは、①目は優しくほほ笑むように、②口角は「い」の口元を意識することです。

余談ですが、笑顔は自分も元気にしてくれます。ちょっと疲れたなと思ったら、無理してでも笑顔をつくってみてください。緊張感もほぐれますよ。

話すのではなく聞くのよ

さて、笑顔でお互いの緊張感が少しほぐれたところで、軽く話しかけてみましょう。導入の話題は、接客する人とお客さまが「そうだよね」と共感できるものにします。「はい」と答えられる話題です。たとえば今日の天気です。「今日は寒いですねえ」と言えば、お客さまも「そうね、本当に寒いわねえ」と返してくれます。続けて「なんだか冬に逆戻りしたみたいですね」と言えば、お客さまも「そうね、冬みたいね」などと返してくれます。お客さまは「そうね」「そうね」と返事しているだけなのですが、肯定の返答を続けることで、人は相手にいい印象をもつものです。これで、会話のウオーミングアップは終わりです。いよいよ会話に入ります。ここで「よくみて」「よく聞く」を働かせます。

まずは、お客さまの服装や持ち物や動作を「よくみて」お客さまが発信している情報をキャッチします。お客さまが発信している情報は、話題そのものだと思ってください。目についたものがあったら、「それは手作りですか、すごく器用なんですね」などと褒めましょう。お客さまの返答に対しては「そうですか」「すごいですね」などと、表情豊かにあいづちを打って、「私はあなたの話をよく聞いてますよ」というシグナルを出してください。そして、「何年くらい習われているんですか」というように「よく聞く」こと。これで会話は重ねられていくはずです。

あなたの後輩は、こちらから「話さなきゃ」とあせっていたんじゃないですか。逆です。お客さまに気持ちよく「話してもらう」ようにするんです。だから、お客さまが好きな話題を探す必要があるし、そのためにはお客さまに興味をもたないといけないし、笑顔も、あいづちも必要なんです。

【ワンポイント・アドバイス】

お客さまとの話題として、ふさわしくないものをあげてみます。

・政治の話
・宗教の話
・特定のスポーツチームの話

これらは、思想信条の自由に関係するもので、相手の思い入れが強かった場合、もめる原因になります。相手に楽しい気持ち、いい気持ちになってもらえる話題を探すようにしましょう。そういう意味で、最も相手が喜ぶ話題は何だと思いますか。それは自慢話（苦労話）です。これを聞き出せたら上級者ですね。

ピーちゃんからのサイン

セキセイインコの言葉は理解できません。ですから私に何を話しかけているのか、どうしてほしいのか、まったくわかりませんでした。

しかし、長く一緒にいると、そのしぐさから、少しだけ考えていることがわかるようになりました。たとえば、首をグッと伸ばしたり左右に振ったりするのは飛び立つ準備。目をトロンとさせて、「ごにょごにょ」言ったり、くちばしでカリカリと音を立てたりしたら、「私、寝ます」というサイン。「ギャギャギャ」と鳴いていたら、だれかに足や尾羽根をかまれたとき。家族が話しているときに「ピッ、ピッ」「ピーちゃん」と鳴いてきたら、仲間に入れてほしいときです。

たとえ言葉は通じなくても、ようすをみていれば、なんとなく相手の気持ちがわかるものですよ。

第5章　指導に悩む

悩み5―1

年上の人の指導は、どうしても気を使います。どういう言葉遣いや態度で接したらいいのでしょうか？

その人の居場所はあるのかしら？

満たされない欲求

そうか、どうしても気兼ねしてしまうのね。だけど、それはあなたが常識ある人だからだと思いますよ。私は、体育会系の風土で育ってきたわけではないけれど、それでも年上の人に対して、年下と同じ接し方なんてできないですよ。だって失礼じゃない。

ところで、あなたのお悩みは、年上の後輩に指導するときの接し方ということですが、その後輩を指導しなければいけない事情が何かありそうね。つまり、その年上さんのために、仕事がしにくい状況になっているということですか。それはどのようなことだろう。職員のチームワークを乱したり、みんなのモチベーションに水を差したりしているのかな。

こういう場合、「仕事なんだから、年上だろうが年下だろうが、そんなものは関係ない。割り切ってビシビシ指導すればいいんだ。そうしないとほかの人に示しがつかないじゃないか」という考え方があります。きわめて正論です。でも、だからといって年下と同じ対応をしたら、きっとその年上さんは、もっと意固地になって手がつけられなくなるんじゃないかな。そもそも、どうしてその年上さんは、あなたや、周りの人に反発しているのでしょうか。そこから考えてみませんか。

マズロー（アメリカの心理学者）の5段階の欲求説によると、人間の欲求の段階は5段階のピラミッドのようになっていて、1段目が満たされると上の段階を求めるものだと考えられています。下（1段目）から順に①「生理的欲求（食欲など）」、②「安全の欲求」、③「親和の欲求（他人とかかわりたい、他者と同じになりたい、集団へ帰属したい）」、④「自我の欲求（集団から認められたい）」、⑤「自己実現の欲求（自分の能力や可能性を発揮して創造的活動や自己の実現を図りたい）」というものです。

さて、その年上さんはマズローのピラミッドでいうと、どの段階が満たされていないと思われますか。たぶん、3段階より上の欲求じゃないかなあ。だってその人、居場所がないもの。

プライドがあるのよ

その年上さんに対して、「扱いづらいなあ」と感じているのは、あなただけですか。周りの人もそう感じているんじゃないのかな。つまり、この年上さんは、支店のなかで浮いている存在なのでしょう。そして、そのことはだれよりも本人が感じているはずです。

人には「親和の欲求」という根源的な欲求があります。年上さんだって、ホンネは仲間に入りたいし、みんなとうまくやりたいはずです。でも、それができないから、斜に構えたり、反発したりするんじゃないかな。できない理由はプライドだと思います。

その人は、年上なのに後輩だということは、中途採用者もしくは、異動で新しい仕事に配属された人なのかしら。いずれにしろ、いまの仕事に関しては、あなたのほうが知識・スキル・経験ともに勝っているから、あなたが指導する立場にいるわけです。

しかし、その年上さんがしてきた仕事に関しては、その人のほうがあなたよりも勝っているはずです。年上さんには、大なり小なり、自分がしてきたことに対する自負があります。それを認めてほしいという「自我の欲求」があります。そこをスルーされれば、プライドが傷つきます。みんなの手前、素直になりたくてもなれなくなります。その結果、浮いた存在になってしまったのではないでしょうか。

認めてあげた？

年上さんは、認めてもらえないことで、ちょっといじけてしまって、居場所がなくなっているんじゃないかしら。だったら、居場所をつくってあげましょうよ。

相手の存在や、相手がやっていることに目を向けて、「私はちゃんとみていますよ」「あなたがそこにいることに気づいていますよ」というメッセージを伝えてください。その人のことをたくさんみて、それを伝えます。相手のことを認めているサインだと思ってください。たとえば「今日は、うれしそうですね」とか「○○さんが支店にいてくれると安心です」とか「○○さんて、こんなこともできるんですね。すごい」という具合です。

多くの人は、実績をあげないと認めてもらえないという焦りを抱いています。その年上さんもそうなのかもしれませんね。「焦らなくても大丈夫ですよ」「○○さんがいてくれると安心できるわ」などと、年上さんの存在自体を認めてあげれば、「私は認められているんだ」「ここに居てもいいんだ」と安心し、前に進めるようになるんじゃないかな。「認める」には、相手に安心感を与え、モチベーションを高める効果があるんです。

それでは、相手を認める方法をいくつかご紹介しましょう。簡単なところでは「出勤時と退社時のあいさつ」「名前を呼ぶ」などがあります。「ちょっとすみません」ではなく「○

○さんすみません」というように意識して名前を呼ぶようにすると、相手は意識されていることを認識します。また、「褒める」「感謝やねぎらいの言葉をかける」「話を最後まで聴く」「相手の夢や目標に興味をもって聴く」「成功体験を聴く」「相手の変化に気づいて声をかける」「意見に同意する」「意見を求める」「相談する」「教えてもらう」「人に紹介する」「仕事を任せる」「約束を守る」などもそうです。たとえば、「○○さんのお話、とってもよかったので、ほかの人にも伝えました。今度、みんなにも教えていただけますか」「ぜひ○○さんのお知恵をお借りしたいんですが」という具合です。

私の体験をお話しします。その年上さんは、転職をしてきたばかりの人で、何か話すときには、いつも「前職ではこうでした」「私の経験から言わせてもらうと」という言葉が、お約束のように出てきました。それを聞かされ続けた私は、「よそではそうかもしれませんがうちではこうなんです！」と何度言いたかったことか。困って、上司に相談したところ「こちらから意見を聞くようにしてみたらどうかな」とアドバイスされました。私は、さっそくやり方を根本的に変えてみました。いままでは、こちらから教えたり、指導したりした後でその人の意見を聞いていましたが、順番を逆にしてみたんです。まず、その人に「以前の会社では、こういうときどうしていたんですか」と聞くようにしました。「なるほど勉強になります」「そういう方法もあるんですね」とあいづちを打ちながら、一通り話を聞いた後で私が説明をするようにしました。すると、不思議なことに、順序を逆にしただけなのに、すんなり私の話を受け入れてくれるようになったんです。その人の話をよく聞いたことで、認められたと感じ、素直に私の話も聞いてくれたようです。その人は、新しい職場で早く実績を出して認められたいと思って焦っていたようでした。ちなみに私にアドバイスをくれた上司は、その転職者と同年配でした。その年代ならではの感じ方がわかっていたのかもしれません。年上の人への指導に悩んだら、同じ年くらいの先輩にアドバイスをもらうのも有効です。

さて、年上の人に指導する際は、その人のキャリアや経験を尊重し、敬意をもって接することが大切です。これも相手を認めることになります。最も簡単な方法は言葉使いです。たとえば、注意するときに「〜するようにしてください」ではなく「〜してくださると助かるんですが」というように、柔らかい表現にすれば、受け入れやすくなります。

プライベートな部分で、その人の尊敬できる点を見つけるのもひとつの方法だと思います。その年上の人の得意分野に興味があるなら、「私にも教えてください」とお願いしてみたらどうかしら。お互いに認め合う関係はすてきだと思います。

【ワンポイント・アドバイス】

年上の人への対応のなかで、悩ましいのが「褒める」です。年下には「よくやったね」「がんばったんだね」と気軽に言えますが、年上の人に言ったら、「バカにしてんの？」「上から目線で何を言ってんのよ」と反発されかねません。どうしても「認めてあげている」印象を与えてしまいます。

このような場合、主語を「あなた」から「私」に変えます。たとえば「（あなたは）よくがんばりましたね」なら「（私は）あのがんばりには、びっくりしました」というように、私がどう思ったのか、どう感じたのかを話すことで、褒めるようにするのです。いくつか「私」を主語にした褒め方をあげてみましょう。

「あの対応には驚きました。ぜひ見習いたいです」「みていて、私も誇らしくなりました」「すごかったです。ファイトがわいてきました」「このことは一生忘れられません」

「頭が下がりました」「こんなに早くできるとは思わなかったので、もうびっくりです」

また、「○○さんがいなかったら大変なところでした。感謝感激です」「あの立ち居振る舞い、完璧すぎて感動しました」「すごくうれしかったです」「胸がキュンとしました」というように、メッセージのなかに、感情を表す言葉を入れると、より相手は素直に受け入れやすくなります。

ここがあなたのおうちよ

知人のゴールデンチェリー（鳥の種類）のマリさんは、きれいな黄色の身体をしており、顔は桜色です。バードショップに一羽だけいたそうです。コザクラインコではないのですが、ピーちゃんのお嫁さんとして連れてこられました。しかし、女の子ということもあり、なかなか新居に慣れません。最初、ピーちゃんと同じ鳥かごに入れたのですが、おびえて隅っこで震えていました。

仕方なく、マリさんのために新しい鳥かごを買ってきて入れてあげたらようやく落ち着いたようです。「マリさんのおうちだよ」と話しかけると、「キュッキュッ」と鳴いて喜ぶそうです。居場所って大事ですね。

■指導に悩む

悩み5－2

後輩には将来の目標がありません。どうしたら、がんばってもらえるのでしょうか

遠くの目標より近くの達成感

燃え尽きちゃったのかしら

その後輩は、きっと仕事に前向きじゃなく、やる気もみえないんでしょうね。もちろん、そんな人は、将来の目標なんてもっているはずもありません。あなたは、そんな後輩の姿をみて、心配しているんですね。優しいのね。

ところで、その後輩はどうしてそんなにモチベーションが低いのかな。理由は三つ考えられます。一つは、いわゆる「燃え尽き症候群」。たとえば、オリンピック選手が、金メダルを獲得すると、新たな目標を見いだせず、しばらくモチベーションを高められなくなるという話を聞いたことがあると思います。同じとはいわないけれど、その後輩も、燃え尽き症候群ではないのかな。

いまや就職は就活といわれ、つい数年前は戦後最大の超氷河期でした。大変な苦労をして就職できたわけですから、しばらく休みたくもなるでしょう。後輩に話を聞いてみて、もし一休みしているだけなら、また歩き出すための休憩時間と受け止めて、少し温かく見守ってあげたり、寄り添ってあげたりしたらどうかしら。人生には、そういう時期があってもいいと思いますよ。

もう一つ考えられるのは、何を目標にしたらいいのか、わからなくなっているパターンです。いままでは、○○高校に合格する、○○大学に合格する、○○企業に内定する、というように、当たり前に目指すべきゴールがありました。もしかしたら、ゴールは親や先生が与えてくれていたのかもしれません。

しかし、社会人になると自分で自分の目標を見つけなければなりません。「いきなり目標をもて」といわれても、ピンとこなくて当たり前なのかもしれませんよ。ですから、「うちの会社には、こういう制度があって、この制度を使うと、こういう仕事ができるようになって」というように、具体的に説明してあげたらどうかしら。

また、後輩にとって、いちばん身近な会社の人はあなたですから、あなたのことを話してあげたらどうですか。あなたの目標は何か、それを目標にした理由は何か、目標実現のためにしていることは何か、などを体験談として話してあげれば、後輩はイメージしやすくなると思いますよ。

いまは夢につながっている

モチベーションがあがらない三つ目の理由は、やりたくない仕事を嫌々しているパターンです。もしかしたら、その後輩には就きたい仕事がほかにあったのかもしれません。いろいろな事情で仕方なくいまの仕事をしているとしたら、仕事に目標を見いだせないのも当然です。それどころか、胸の内では「こんなはずじゃなかった」「こんな仕事やりたくない」と思っているんじゃないかしら。

実は、何を隠そう、私もそうだったのです。新卒で金融機関に入行しましたが、私は指導担当の先輩に対して、いきなり「将来は音楽業界で働きたいと思っています！」と言ってしまうようなおバカさんでした。その先輩は、普段はとても怖いのですが、このときだけは妙に優しく、次のようなことを話してくれました。

「じゃあ、あなたが音楽の仕事に就いたら、私、きっとあなたが主催した音楽会に行くからね。いまの仕事をちゃんとがんばっていたら、きっと、将来あなたが音楽会社の仕事をするようになったときに、みんな応援してくれると思うよ。みんながあなたのお客さまになってくれると思うから、いまは、この仕事をがんばろうね」

　私は単純なので「は〜い！」と言って、とりあえず目の前の仕事をがんばることにしました。先輩の言葉によって、いまやっている仕事が「自分の将来に役立つかもしれない」と思えるようになったのです。いまにして思えば、こっぴどく怒鳴られてもおかしくないエピソードです。先輩に申し訳ない気持ちでいっぱいです。

　あなたも後輩に、「いまの仕事があなたの未来につながっていること」そして「いまの仕事はあなたのキャリアそのものになるこ

と」を教えてあげてください。そのうえで、「まずは、いまやっている仕事に、何か小さな目標をつくってみようよ。小さな目標でも、積み重なっていけば、きっと、あなたの大きな未来へつながっていくと思うよ」と励ましてあげてください。いきなり将来の目標をもてといっても無理ですから、毎日の仕事のなかに小さな目標をつくるように指導してみたらどうかな。

神様のプレゼント

がんばっていれば思いもしないような出来事が起こるというエピソードをご紹介します。「神様のプレゼント」と私は呼んでいます。

めいが中学生のときのことです。当時、めいはある人気グループに夢中になっていました。その出来事は、そのグループの東京コンサートにお供でついていったときのことです。

そのグループはすごい人気で、前売りチケットは完売、当日券も手に入るかどうかわからない状況でした。しかし、めいはどうしても行きたいと言うので、とりあえず会場にいってみることにしました。

私は、「チケットもないのにどうするの」と言いましたが、めいは「そのグループと同じ空気を吸うだけでもいいから」と言って強引に私を連れていきました。「恋をするって、こんな気持ちだったんだな」と、懐かしく思い出したものです。

チケットは、7時間も並んで、ようやく当日券を買い求めることができました。コンサート会場は、季節はずれにもかかわらず、ひまわりの花をもった人で埋め尽くされていました。実は、そのグループのメンバーの一人が、事前に、ホームページで「ひまわりの花を持ってきてね」と呼びかけていたのです。本当にひまわりだらけ。

しかし、めいには季節はずれのひまわりの花を買うお金はありませんでした。代わりに、得意の絵でひまわりの花畑を描いて、それをもってきました。どうしてもその絵を好きなメンバーに手渡したい一心で、夜遅くまでかけて絵を描き上げました。チケットも手に入っていなかったのにです。

奇跡が起こりました。めいの席の後ろに、そのメンバーのご両親が座っていたのです。ふたりの会話からそのことがわかり、めいはご両親に描いた絵を手渡すことができました。

この一連の出来事をみていて、「どんなことでも、がんばってやっていたら、神様はすてきなプレゼントをくださるんだなあ」と思いました。

フィーフィーの野望

大脱走したコザクラインコの話です。飼い主は名古屋に単身赴任することになりましたが、寂しいのでコザクラインコを飼うことにしたそうです。その鳥はとても容姿端麗で、名前はフィーフィーとつけられました。昼間はマンションのベランダの物干しざおに鳥かごをつるしていました。ある日、止まり木が鳥かごの床に転がっているのに気づきました。先端は削られて細くなっています。かんだのでしょう。そのときは大して気にもせず、元のように止まり木をセットしました。それからというもの、止まり木が頻繁に下に転がっているようになりました。しかも、棒の先端はどんどん削られていくではありませんか。

ついにそのときがきました。飼い主が帰宅してベランダの鳥かごをしまおうと思ったら、鳥がいません。入り口の扉は、止まり木で開けられた状態に固定されていました。「やられた、この練習をしていたのか」。鳥かごの入り口の扉は、通常下から上にスライドして開けます。鳥はくちばしで扉を持ち上げられますが、くちばしを放すと扉は重みで落ちて閉まるため、鳥は出られません。支え棒がないと扉を開けておくことができないのです。

どうりで一生懸命に、毎日止まり木を削っていたわけです。大脱走という、野望ともいえる目標があったのですね。

悩み5－3

前向きな後輩が孤立して悩んでいます。どうアドバイスしたらいいのでしょうか

太陽がまぶしくみえるとき

がんばっているのにね

社会人になり、職場に配属されて2、3年になると、仕事の全体像や流れがみえてきます。必要な知識や経験もそれなりに身につき、自分なりに仕事を進めることができるようになるでしょう。仕事のおもしろさを感じる頃です。やる気満々で、成績も伸び、上司にも認められるでしょう。いわゆる「伸び盛り」の時期です。これは、あなたにも経験があると思います。この時期は、みんなから「がんばっているね」「応援しているよ」と温かく励まされることも多いでしょう。

しかし、人生に挫折はつきものです。何かのきっかけで気持ちが折れ、以前のように前向きにがんばれなくなることもあります。人生晴れの日ばかりではないんです。がんばれなくなった人の目に、がんばる後輩はどう映るのでしょうか。最初は応援する仲間だったとしても、次第にうとましくなるんじゃないかしら。

だって、がんばっている後輩を認めてしまったら、歩みを止めている自分が惨めに思えて苦しくなるからです。歩みを止めた人にだって、「このままではいけない」「なんとか立ち直りたい」という思いがあります。それができないから苦しんでいるんです。やる気に満ちあふれた後輩は、昔の自分を思い出させ、追い抜かれるという強い焦りを引き起こします。

下り坂を歩み始めた人は、不安から同じような気持ちの仲間を求めます。それが集団になると、いじめや嫌がらせに発展することもあるでしょう。以前、こんな話を聞いたことがあります。二つご紹介します。

「立候補制の1日研修に応募したことがありました。研修はとてもためになって、ぜひまた参加したいと思いました。しかし、翌日職場に出社したら、先輩から『いいわねえ、あんたは昨日休みで。どれだけ周りが大変だったかわかってんの』と言われました。ショックでした。それ以降、立候補はしていません」

「私は、渉外をしています。ほかの渉外係や上司から励まされ、次第に仕事がおもしろくなって、もっとがんばろうと思っていました。やる気満々だったのです。そんなある日、外回りから帰って自分のロッカーに行ったら、扉に貼り紙がしてありました。そこには『あんたががんばると、みんなが迷惑するのよ』と書かれていました。ぼうぜんとしました」

ひどいですよね。怖いわね。後輩は、一気に悩み、やる気を失い、もしかしたら下り坂を歩む仲間になってしまうかもしれません。あなたには、まず、こういうことが現実に起こるかもしれないことをわかっておいてほしいのです。

原因はあなたじゃないわよね？

ここからは、後輩が孤立した原因を掘り下げて対策を考えていきましょう。

航空会社勤務の友人が言うには、女性ばかりの職場には、そういうことがよくあるそうです。「出るくいは打たれる」とでもいうのでしょうか。前向きな新人ほど「でしゃばり」「こざかしい」などと陰口をたたかれてしまうようです。でも、次のようにも言っていました。

「ただ前向きなだけではうとまれないわ。たとえば物言いや態度のどこかに、『私はできるのよ』というおごりがみえる新人がそういう状況になりやすいようね。

そういうおごりがあると、必ず何かしらのトラブルにつながるから、指導が必要なの。それに搭乗業務の主たる役割は保安業務なので、チームワークが命の仕事なの。万一のときには、指揮系統を守らなければ人命にもかかわるでしょ。だから出すぎる後輩は、一度は厳しく注意されるのよ。でも、そうすれば、素直に先輩の言うことを聞くようになるから、まあ新人の通過儀礼のようなものかしら」

どうですか、もしかしたらその後輩は、周囲の先輩や同僚へ敬意を欠いた態度などをとっていませんでしたか。がんばっていて、上司からも認められていると、つい「私はできるのよ」的なオーラを出してしまいがちです。前向きな姿勢はいいのですが、仕事はチームワークでするものです。もし、思い当たる点があるようなら、本人にそのことを注意して、周囲への配慮を促してください。

もうひとつ、後輩が孤立する原因として思い浮かんだことがあります。それは、先輩、あなたもその当事者になりうる話です。いわゆる「えこひいき」です。

たとえば、「仕事の覚えが早く、かつ正確、教えられる姿勢も素直で真摯（しんし）、頼まれごとは嫌な顔をしない、業後の誘いも断らない」、こんな後輩がいたら、だれだってかわいがりますよね。応援したり、かばったり、助けたり、仕事以外にも何かと気づかったり、自然と声をかける頻度も多くなったりすると思います。

それだけでも、ねたまれる要因となりますが、後輩自身も先輩に目をかけてもらっているということを感じて、無意識のうちに「私には先輩がついていているから」という態度をとるようになります。それが周りの人に、いっそう「いつもあの人ばかり、かわいがられてずるい」というねたみをかうことになり、仲間はずれにされる原因になります。

一度、あなたと後輩とのかかわり方を、客観的に見直してみることも大切だと思います。いくらがんばっているかわいい後輩であったとしても、その人だけをひいきしないように気をつけてください。周りからみて、

目につくのはコミュニケーションの頻度です。たとえば、声をかけるときは、意識してほかの人にも声をかけるようにしたり、ほかの人に声をかける頻度を上げたりするのも大切ですよ。

事態の打開策

後輩の悩みが深く、孤立が深刻になっているなど、場合によっては、先輩のあなたが相手側との間に入って、取りなす必要があります。後輩に、いつ、何がきっかけでこうなったのか、だれに何をされたのか、思い当たることを寄り添って振り返ってみてください。

ただし、後輩の一方的な話からはみえない事実もあります。もしかしたら、その後輩の思い過ごしや意識過剰ということだって考えられます。相手や周囲の同僚などから詳しく話を聞くことで、本当の原因がみえてくるかもしれません。それが誤解であれば、解けばいいし、失言に端を発しているのなら、きちんと謝れば事態は改善します。

ところで、こういうことって、ある日突然起こることじゃないわよね。日頃から、後輩と周りとの関係をウオッチしていれば、こじれる前に発見し、対処できたかもしれないじゃない。先輩としては、そこをみていないとね。

指導に熱が入れば入るほど、その後輩に意識が集中しがちだけれど、職場における後輩を取り巻く環境や、後輩とほかの人たちとの関係を俯瞰（ふかん）してみることも必要ですよ。上空を旋回している鳥のようにみていて、ちょっとした変化に気づいたら、サーッと舞い降りてフォローする感じね。

せっかく前向きにがんばってくれている後輩が、職場の人間関係から下り坂を歩くようになってしまわないように、こじれる前に、後輩の悩みを聞くようにしてあげてください。寄り添って聞いてあげるだけでも、後輩の抱えている重荷はずいぶん軽くなるものよ。

上り坂はきついけれど、絶対に成長しているんだから、後輩の背中を押してあげてくださいね。

爪切りを妨害するアイちゃん

鳥の世話のなかでも苦手なのは爪切りです。鳥は人と同じように爪が伸びます。長くしたままだと、爪がタオルなどにひっかかってケガをするおそれがあります。

ところが鳥たちはつかまれるのが大嫌いです。何をされるのかわからないから恐怖なのでしょう。こちらも深爪しないかヒヤヒヤです。いちど深爪をしてしまったことがあります。血は出るは、大きな声で鳴くは、かまれるは、と散々な思いでした。

そんな大変な爪切りですが、もうひとつ厄介なことがあります。仲間の応援です。爪を切るために一羽を捕まえると、カーテンレールの上からみているもう一羽が「緊急事態発生」とばかりに飛んできて、心配そうにのぞきこみ、思いっきりつかんでいる指をかみます。これにはたまりません。つかまえられたインコにしてみれば、困ったときにすぐかけつけてくれた相手は、信頼できる強い味方でしょうが、私にとっては邪魔者です。

鳥瞰（ちょうかん）するピーちゃん

「俯瞰」（ふかん）や「鳥瞰」（ちょうかん）という言葉があります。「鳥の目からみたように、高い所から広範囲を見おろす」という意味です。小鳥たちは、高い所が大好きです。わが家ではカーテンレールの上がお気に入りの場所です。小鳥は弱い動物なので、高い所から全体を見下ろすことで、危険をいち早く察知しようとする習性があるのでしょう。

ピーちゃんは、私がミカンを手にとると、サーッと舞い降りてきます。ピーちゃんは果物が大好物ですがミカンの皮をむくことはできません。ですから、人間がミカンを食べるときを待っているのです。鳥は小魚も好きです。しらす干しなどをよく食べます。人間の今夜のメニューを上からみていて、食べたいものが並ぶとすぐやってきます。いち早く対応するために、人間たちが何をしているのか、まさに鳥瞰（ちょうかん）しているのです。

えこひいきに注意

コザクラインコのプリさんは、人になついています。かわいがられ上手です。一方、ゴールデンチェリーのマリさんは、あまり人慣れしていません。意識して指に乗せて、「マリさん」と呼びかけてかわいがってあげると、すぐプリさんがやってきて、マリさんを押しのけます。嫉妬に狂うのです。

それでも、マリさんをかまっていると、マリさんの足をかんだり、羽をむしったり、意地悪をするようになります。えこひいきすると、されたた者が仲間から攻撃されるので気をつけないといけません。

■指導に悩む　悩み5－4

後方事務が長い人のモチベーションは、どうやって上げたらいいのでしょうか？

だれだって主役になりたいわよ

みえない功労者たち

こんな話を聞いたことがあります。

「先がみえちゃうんですよ。事務をやっていると、ここで何年やって、次に何やって、そして検印やって、というように狭い数メートルの範囲で自分の社会人生活が終わっていくのがみえちゃうんです。ときどき、銀行の窓にはめてある鉄格子をみて、自分が捕らわれているように思えてくるんです」

うーん、気軽にコメントできるような話じゃないわね。当事者にしてみれば、絶望的に思えるのでしょう。この状態の人に「モチベーションを上げなさい」なんて言えませんよ。きっと、ずっと同じ事務をしていると、目の前の仕事が単なる「作業」に思えてくるんでしょうね。

しかも、後方事務は、きちんとできて当たり前だから、たとえミスなく仕事をしていたとしても、なかなかその努力を認めてもらえることもありません。だれにも認められない単なる「作業」をずっと続けるのは、とてもしんどいことです。やがて「何のために自分は毎日出勤しているのか」「この仕事は何の役に立っているのか」という疑問を抱くようになってもおかしくありません。

　言うまでもなく、会社はいろいろな部署で成り立っています。たとえば営業がとってきた注文を事務が放置していたらどうなりますか。大変なクレームになり、そことの取引が打ち切られてしまうかもしれませんね。考えるだけで恐ろしいことです。

　しかし、稼いでくる部署は、目にみえて

会社の業績に貢献できるので注目されます。人はみえるものに意識が集中するからです。しかし、事務は違います。何かあると思い出したように「事務のおかげだよ」などと口では言いますが、日常は、忘れられた存在になりがちです。

「作業」を「仕事」に変える

後方事務の人のモチベーションを上げるための課題は二つあるように思います。一つは、日々やっていることが、支店の仲間の役に立っていることを実感させてあげることです。二つ目は、入口から出口までの仕事の流れのなかで、後方事務がどこに位置して、その後どこにつながっていくのかを教えてあげることです。全体のなかの位置づけがわかれば、チームとしての一体感を抱くことができ、「作業」をさせられているという意識を、「仕事」をしているという意識に変えられるんじゃないかな。

具体案としては、あなたが上司にお願いして、組織横断的な改善プロジェクトをつくってもらうのはどうかしら。各課の担当者が集まって、各課の現状の説明と、他部署への期待、部署を超えた改善提案をみんなで話し合う場です。批判するのではなく、プラスの発想で改善を提案します。

悩んでいると、視野が狭くなって、自分の仕事をいろいろな視点からみることができなくなります。後方事務への期待を、直接、いろいろな部署の人から聞ければ、後方事務という仕事を客観的にみることができ、後方事務の仕事が支店の仲間の役に立っていることを実感できます。

さらに、プロジェクトの話合いを通じて、みんなが相手の仕事に興味をもつようになれば、後方事務の必要性をみんなが認めてくれて、感謝してもらえるかもしれません。感謝されることって、とっても大事です。だれかに認められたということですから。もしかしたら、今回悩んでいる後方事務の人は、しばらく「ありがとう」と言われていないんじゃないかしら。「いつも後ろでしっかり支えてくれているから、私たちはがんばれているのよ、ありがとう」とか「いつも私たちを助けてくれてありがとうね」とか言われていないんじゃないのかな。もし、だれも言っていないようなら、あなたが率先して言ってあげたらどうかしら。

窓口係や渉外はお客さまに接しているから、お客さまから感謝される機会もありますが、後方事務には、そのチャンスがほとんどありません。「ありがとう」という言葉は、「私はあなたの存在価値を認めていますよ」という合図です。モチベーションは、「ありがとう」から生まれるのだと思います。

おおきなかぶ

ロシア民話の『おおきなかぶ』という話があります。絵本にもなっています。あらすじは、「おじいさんが庭にできた大きなかぶを抜こうとしますが、なかなか抜けません。そこでおばあさんを呼んできて手伝ってもらいましたが、びくともしない。おばあさんは孫娘を呼んできましたが、まだ抜けません。犬を呼んで、さらには猫を呼んで、それでも抜けません。最後にネズミを呼んで、全員が力を合わせて引っ張ったところ、ようやくかぶは抜けました」という話です。

仕事はチームワークでするものです。そしてチームワークで職場は成り立っています。どんな小さな力だって、チームにとっては必要な力です。仕事の意義に疑問を抱いている人がいたら、「その仕事がチームの役に立っている」ことを、そして「いまの努力が、必ず未来の自分にかえってくる」ことを実感できるようなきっかけをつくってあげてください。それも、先輩の役割じゃないかしら。

【ワンポイント・アドバイス】

仕事で思い詰めているようなら、環境を変えてみるのも効果的です。仕事内容を変えることはできなくても、ちょっとやり方を変えてみるのはどうですか。

あるいは机の周りの整理整頓をして、気分を変えてみるのもいいと思います。以前出会った窓口係は、切羽詰まると夜中に大掃除をしたり、お菓子づくりをしたりするそうです。気分転換だそうです。意外とちょっとした変化を出すことで、気分転換はできるものです。たぶん、身体を動かすことでリフレッシュできているのだと思います。人間は動物ですから、大声を出したり、身体を動かしたりすれば、不思議と心も動くものです。ぜひ、みなさんも自分なりのリフレッシュ方法を見つけてくださいね。

食住はキホンです

アイちゃんの具合が悪くなったことがありました。いつもは元気に飛び回り、いつまでも外に出ていたがっているのに、鳥かごのなかにうずくまり、羽をふくらませています。羽をふくらませるのは、病気のサインでもあります。

あわてて専門の医者に診せたら、エサについて指導を受けました。むきエサしかあげていなかったのがよくなかったようです。ためしに殻付きに換えてみると、すぐに体調がよくなりました。食べ物は重要です。そういえば、食生活は大事だといいますものね。

もうひとつ医者からアドバイスされたことがあります。それは環境を変えてみることです。さっそく鳥かごを落ち着ける場所に移動してみました。ちょっとした場所の移動でも効果があるのですね。

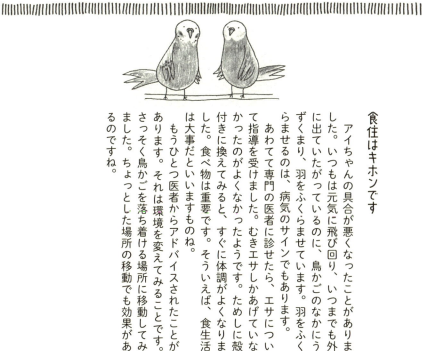

悩み5－5

忙しいのに新人教育も任されました。あれやこれや言われてもできません

うまくやる方法もありますよ

あなた優しいからね

今回は、先輩ご自身の悩みですね。最初に少し質問があります。あなたは周りの人から「人がいいわね」と言われていませんか。また、あなたは人から頼まれると、なかなか断れない性格じゃないですか。そして、あなたは人からどう思われているのかを気にするほうじゃないですか。

なぜ、このようなことを聞いたのかというと、あなたがお人好しで、そこにつけ込まれているんじゃないのかなと思ったからです。人は、頼みやすい人、断らない人に頼み事をしようとします。ずるいんです。

最初のうちは、相手も感謝してくれるので、あなたは「喜んでもらえるなら、がまんするか」と思ったのでしょうね。でも、次第にそれが当たり前になっていって、「あれも、これもお願いね」と言われるようになると、「なぜいつも私ばかりなのよ」という思いが募ってきたんじゃないかな。そのうえに、「新人教育もよろしく」と言われれば、普通キレますよ。

でも、あなたは「とてもじゃないけどできません。教育担当はだれかほかの人に頼んでください」とは言えないのよね。それが言えるくらいの性格なら、上司もあなたに押しつけようとは思わなかったでしょう。やっぱりあなたは優しいのよ。

忙しいときには教えない

声を荒げて上司と談判できればいいんだけれど、できないのなら、発想を変えて、新人を早く育てて、仕事を分担してもらったり、雑事を替わってもらったりしましょうよ。人を育てなければ、いつまでも忙しいし、雑事からも抜け出せません。お茶出しや、電話応対をしてもらえるだけでもだいぶラクになりますよ。

では、忙しいなかで、新人教育を行う方法について考えてみましょう。まずは、少し落ち着いてください。きっと、いまのあなたは、「あれもやって、これもやって、新人教育も」というように、焦っていませんか。あなたは責任感が強いから、きっとそうだと思います。

でもね、冷静にいままでを振り返ってみたら、一年中、いつの時間も忙しいということはないと思うのね。繁忙日をはずせば、少しは余裕があるんじゃないかな。ベテランになれば、忙しい日や時間はある程度予測できるから、うまく繁忙時をはずした指導計画を立てればいいんじゃない。

忙しいときに教えなきゃいけないと思うから無理があるんだと思います。忙しいときには、教えなくてもいい仕事をしてもらったり、在庫やサービス品の整理などをしてもらったり、それこそ、あなたに振られた雑事を新人

さんにやってもらったりすればいいんじゃないかな。

後輩には、質問をノートに書くようにしてもらって、急ぎ以外はまとめて答えるようにするのはどうかしら。

教えないけど教える

一から十まで、手取り足取り教えようと思ったら大変ですよ。「見習い」という言葉があるように、なるべくみて覚えてもらうようにしたらどうかしら。後輩をあなたの後ろにつけて、あなたがやっているところをみて覚えさせるようにすれば、あなたの負担はだいぶ減ると思います。特にお茶出し、電話応対、敬語の使い方、接客姿勢など、単純にみて覚えられるものについては、見習わせるようにしてもいいんじゃない。

ただし、この指導方法は、先輩の手元がよくみえなかったり、間違って覚えてしまったり、プロセスを飛ばして覚えてしまったりするリスクもあります。後輩には、わからないことや質問を細かくノートに書いてもらい、一段落したときに、必ず一緒に振り返るようにしてくださいね。「あのときは、こういう理由からそう対処したんだよ」などと、できるだけ詳細に教えてあげましょう。

ただし、この見習い方式が向いていない人もいます。後輩のノートをみればわかります。数行しか書いておらず、疑問や質問もない後輩です。先輩の後ろでボーとみているような自覚の足りないタイプです。

そういう後輩には、事前に具体的なお題を与えます。たとえば「今日は、私の接客を後ろからみて、私が敬語を使ったらすべてメモして。100個以上は書いてね。業務後に必ずチェックするからね」という具合です。実際に接客の場面で使われる敬語ですから、覚えれば即使えるものばかりです。お茶出しも宿題にします。

「今日は、私のお茶出しを見習ってね。業務後にテストします。上司にお客さま役になってもらい、応接室でお茶を出してもらうからね。ただし、ただ出すんじゃないわよ、おいしく入れたお茶をきちんと出すんだからね。テストのときは、茶筒の場所も、入れ方も何も教えないから、私がどうやるのかを業務中にちゃんとみて覚えてね」

たまにはお願いしたら

各分野を得意な人に教えてもらう方法もあります。新人教育の手分けです。これまで、いろいろな雑事や頼まれごとを笑顔で引き受けてきたあなたの頼みです。嫌とは言えないでしょう。

ただし、頼むときは「これまで雑事をいろいろ引き受けてきたんですから、たまには私の頼み事も聞いてください」などと本音を言ってはダメですよ。「先輩のお茶出しは社内で一番だと思うので、ぜひそのお茶の出し方を後輩に見習わせてください」などと気持ちよくなるようにお願いします。後輩には、事前に「先輩のお茶出しはお客さまからとても好評なの。所作がていねいなのよ。指導係の私やほかの先輩とどこが違うのか、それをきちんとみて、私にも教えてね」というように、特にどこを見習わせるのか、そのポイントを示しておくと学習効果が高まります。

この要領で、「私がほれ込んだ鈴木さんの電話応対をぜひうちの後輩にも見習わせてください」とか「デスク周りの整理整頓は佐藤さんの右に出るものはいません」

というように、部分的に教育を外部に委託しましょう。先輩方も忙しいので、新人を指導する時間はないでしょうが、後ろにつけて見習わせるくらいなら、ほかならぬあなたの頼みでもあるし、きっとオーケーしてくれます。後輩が書いたノートの振り返りについては、あなたがしたほうがいいでしょう。

最後に、見習わせる方式の注意点をお話しします。それはよいも悪いも見習ってしまうことです。間違った手本をまねれば、間違って覚えてしまいます。ここは、注意してくださいね。

さて、いろいろな教え方を一緒にみてきましたが、どうですか、できそうな方法はありましたか。あなたは新人の指導を任されましたが、だからといって全部一人で背負わなければいけないということではありません。たまには、ほかの先輩の力を借りてもいいんじゃないかなと私は思いますよ。

かじることが前提

ピーちゃんたちは、本能でかじります。それを止めることはできません。とはいえ、放っておくと、家中がボロボロにされてしまいます。

対策をいろいろ考えましたが、あえてかじらせることにしました。かじってもかまわない物を用意したのです。お気に入りはカーテンレール周辺の壁紙です。壁紙の上にボール紙を貼りました。これならいくらかじっても壁紙には届きません。当人に言って聞かせても通じないので、当人を取り巻く環境を整備してみたのです。

この作戦は大成功でした。しかしフォローが必要でした。ボール紙はかみやすいため、数日でボロボロになってしまうのです。壁紙は救えましたが、貼り替えと掃除の手間が発生しました。

いたずらできなくする

私がピーちゃんたちを叱るのは、私にとって困ったことをするからです。しかし、ピーちゃんたちにとってみれば、それは困ったことではなく、むしろ楽しいことです。

ピーちゃんたちの困った行動は、かじったり、かんだりするだけではありません。たとえば、キッチンでホウレンソウなど青い葉っぱを洗っていると、その葉っぱをついばみにきます。そばの鍋には、熱いお湯が煮立っていることもあり危険です。ダメと追い払っても、またやってきます。蛇口から出るお水を飲むのも大好きです。シンクで水浴びもしたがります。しかし、包丁や皮むき器などが置いてあることもあるので、ケガをする危険があります。しかし、何回追い払っても、彼らにとって好きな行動なのでやめてくれません。

そこで、かじってほしくない物や、いたずらされて困る物は片づけたり、ドアを閉めてその部屋に入れないようにしたりしました。こうすることで、彼らを危険な目にあわせないようにでき、私も大好きな彼らを叱らなくてすみます。

■指導に悩む

悩み5—6

後輩は自分の怠慢がバレそうになると、ウソをついたり、言い逃れをしたりします

ウソやごまかしは厳罰です！

いいウソと悪いウソ

私も、後輩からウソをつかれたことがあります。そのときのことを思い出しました。ある作業を頼んだのですが、本人が「もっとたくさんできます」と言うのでやってもらったところ、期日になっても全然できていません。本人に「どういうこと」と聞くと「すみません。いろいろ用があって、でも次は必ずがんばります」とすまなそうに言いました。そのときは「ウソつき！」と思って腹が立ちました。後輩にしてみれば、見えがあったのかもしれません。私に認められたいという思いもあったようです。

多くの人は、日常、無意識のうちにウソをつきます。ささいなウソです。たとえば、満員電車のなかで足を踏まれて、「大丈夫ですか？」と聞かれたときに、少々痛かったとしても「ええ大丈夫ですよ」と言ってしまいませんか。これも事実と違うのでウソです。また、職場でも、少々具合が悪いときに、「大丈夫です」といってがんばってしまうことがあります。これもウソです。人がウソをつく動機はさまざまです。少し列挙してみましょう。

・だれかを心配させないためのウソ（思いやり）
・人から認めてもらうためのウソ（見え）
・恥をかかないためのウソ（見え）
・人から注目されたいためのウソ（虚言）
・怒られないためのウソ（保身）
・自分の利益のための悪意あるウソ（詐欺）

いろいろありますね。あなたはどう思いますか。たとえば思いやりからつくウソは問題ないと思いますか。私は、思いやりからのウソだろうが、悪気がないウソだろうが、ウソは全部ダメだと思います。プライベートはさておき、職場では、思いやりからついたウソであってもトラブルにつながるおそれがあるからです。

たとえば、具合の悪いときにウソまでついて出勤したら、ほかの人にカゼをうつして休む人がふえてしまったり、集中力が低下してミスをしてしまったりするかもしれません。ですから、私は体調が悪そうな人には、「具合が悪かったら無理して出勤せず、早く治すことに専念してね」と声をかけていました。私がそう言わないと、無理して（ウソをついて）がんばろうとするからです。その結果、仕事が間に合わず、多くの人に迷惑をかけることになるからです。ウソは、つかせないようにすることが大事だと思います。

ウソつきは泥棒の始まり

これはよく聞くフレーズですね。この意味は、「ウソをつくことに、ためらいや罪悪感を抱かなくなったら、泥棒も平気でできるようになる」という例えです。さきほどのウソをつく動機のうち、特に要注意のウソがあります。詐欺はいうまでもありませんが、保身からのウソも要注意です。「言い逃れ」のウソもそうです。自分の保身だけを考えて、自分さえ逃げられればいいという利己的な性格からくるウソです。

自分さえよければいいという発想の先には、大きなトラブル、さらに先には使い込みという不祥事があります。大きなトラブルとは、たとえば接客における「言った、言わない」「渡した、渡さない」などです。お客さまは激怒し、信用問題になります。金融機関は、預貯金者から大切なお金を預かっています。利己的な態度は厳に戒めなければなりません。

ところで、ウソをつく人は、頻繁にウソをつくと感じたことはありませんか。ウソは繰り返されるんです。あなたの後輩も、どうやら頻繁にウソをつくタイプのようね。私には、こういう人は、会社に入ってからウソをつく

ようになったとは思えません。

人は、成功体験をするとそれを繰り返そうとします。ウソもそう。この後輩は、きっと子どもの頃、先生や親に怒られそうになったときに、「ウソをついたら逃れられた」という悪い成功体験があるんじゃないかな。味をしめたというやつね。その後の学生生活でもウソをついて痛い目にあわなかったので、社会人になっても、すぐウソをつくのでしょう。たとえいまは、ささいなウソであっても、それを放置すれば、やがて要注意のウソに発展していくかもしれません。見逃すわけにはいきません。

悪者にされないように

それでは、そんな後輩とどう向き合ったらいいのかを考えてみましょう。相手は自分の身を守ることを第一に考えていますから、ヘタをすると、周りの人にあることないこと言って、あなたを悪者にしかねません。あなたの身を守るためにも、後輩の特性を上司に知っておいてもらう必要があります。

そのためには、一定期間、いつどういうことがあったのかを記録して、上司に相談しておきましょう。そして、上司と連携して指導するようにしたほうがいいと思います。もしかしたら、後輩はあなたをなめているのかもしれませんので、上司との連携は絶対に必要ですよ。

そして、後輩が明らかにウソをついたり、言い逃れをしたりしたときは、上司に報告をして、個室で「ウソをついたこと、言い逃れをしたこと」を厳しく注意してもらいましょう。ウソをついたり、言い逃れをしたりすると、こんなにひどい目に遭うんだという失敗体験をさせるのです。

ウソをつく後輩に対しては、社会人になった早い段階で厳しく対処しないと、会社に大きなデメリットが生じます。将来、会社の社会的評価にかかわるような不正につながるかもしれないからです。

でも、ウソをつくことで、いちばんデメリットがあるのはウソをついた本人です。ウソをつくことで、「周りの人から信じてもらえなくなる」こともそうですが、何より不幸なのは、「周りの人を信じられなくなる」ことです。自分が平気でウソをつくので、「他人も平気でウソをつくんじゃないか」と思ってしまうのです。だれも信じられなくなると、孤独になります。最終的にいちばん損をするのは後輩自身であることに、早く気づいてくれればいいですね。

その場で叱る

アイちゃんはよくかみます。しかも加減を知りません。強くかまれるとても痛いです。ときには流血したり血豆ができたりします。言葉は通じないので、行動で「いけない」「叱っている」ことを伝えました。「アイちゃん痛い、かんじゃダメ」と言いながら、顔に息を吹きかけるのです。そして、鳥かごに戻す。

アイちゃんは、とても外に出たがりますので、かむと鳥かごに入れられることがわかるとかまなくなりました。ピーちゃんもかみますが、痛いほどではなく、くわえる程度です。こんなところにも、その子の性格が表れるようです。

人をかんだり、柱をかじったりしないようにバードショップでは、しつけをして販売しています。ポイントは悪いことをした瞬間にしつけること。その場で叱らないと効果がありません。

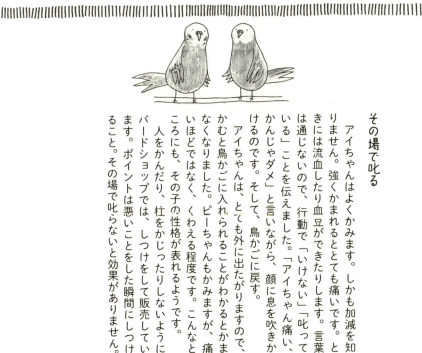

付録
一から十まで悩ましい

全国の金融機関にいる困った後輩たちをまとめてみました。本人がわからないように、少しリメークしていますが、ほぼこれが後輩たちの実像です。

「敵を知り、己を知れば、百戦危うからず」（孫子の兵法）という教えがあります。すべては、いま現場にいる後輩たちの実像を知らなければ、有効な対策は立てられません。さて、あなたの後輩は、どれくらい当てはまるでしょうか。

身だしなみ編

□派手なマニキュアをしてきたため、「そのマニキュアは」と注意しかけたら、「あらっ わかりましたか。これ新色なんですよ」と答えられた。
□つけまつげをしているのか、まるで舞台メークのようになっていた。
□はやりのネイルアートをして接客している。
□研修所での集合研修の際、華美にならない服装を指定したにもかかわらず、例示されていないものならいいと考えたらしく、シースルーや深いスリットの入った服を着てきた。
□昼休みから戻ったら、メークが濃く、目の周りが真っ黒になっていた。業務後、コンサート会場に直行したいらしい。
□制服は、めったにアイロンがけや洗濯をしないのか、汚れが目立つ。
□制服のスカートを短くするために、女子高生みたいに折り込んでいる。
□靴をまったく磨かないから汚い。
□制服のポケットが、ペン、印鑑、ハンカチ、メモなどをたくさん詰め込んでいるためにパンパンになっている。
□日焼け止めをしないでスキーをしたのだろう。顔にゴーグルの跡がクッキリ出て、パンダのようになっているが、まったく気にせず接客している。

一般常識編

□郵便物の宛先を「〜行」から「〜様」に書き直さずに、そのまま投函（とうかん）した。
□お客さまの家におわびに行くことになった。もって行く菓子折りを買ってきてくれるように頼んだら、コンビニエンスストアでお菓子を大人買いしてきた。
□ホチキスの針を入れたことがないようで、針がなくなると人のホチキスを借りている。
□掃除を頼んだら、「掃除機を使ったことがありません」と言われた。
□郵便切手を適当に貼っていたので注意したら、ハガキは52円、封書は最低82円切手を貼ることを知らなかったようだ。
□何月が30日あって、何月が31日あることすら理解していなかった。
□お客さまに出す手紙をすべて赤ペンで書いていた。
□洗面台を使用したあと、髪の毛を落としても平気で、そのまま行こうとした。
□朝、雑巾がけを頼んだところ、汚い雑巾で拭いたようで、みんなの事務机から応接室まで、すべて臭くなってしまった。
□いただいたお菓子をみんなに配るとき、ひとつとった跡があるのでどうしたのか聞いたら、自分が食べたかったものを先にとって食べちゃったらしい。
□研修の宿泊部屋は禁煙になっているが、平気で喫煙しており、なおかつバレないように、火のついた吸い殻を窓からポイポイ捨てていた。
□資料をA4のファイルにとじるように指示したら、A3の資料もそのまま二つ折りしてとじ込んでしまったため、外さないと資料が開けなくなっていた。
□気分にムラがあり、機嫌が悪いときは、呼んでも返事すらしない。

ビジネスマナー編

□お客さまからの電話を、何度も保留にしないで切ってしまっていた。
□熱々のお茶を、茶わんにめいっぱい注いで出すため、お客さまが手にもてず飲むに飲めないでいた。
□茶たくにお茶をこぼしたままお客さまに出したため、お客さまがお茶を飲んだとき、茶たくが茶わんに張りつき、途中で落ちた。
□お茶を出したとき、ふたはつけたが茶たくを忘れていた。
□茶わんを洗ってもらったが、床まで水がはねたので拭くように言ったら、そのまま茶わん拭きのふきんで拭いてしまった。
□お茶を出すときに、まず茶たくだけを配って、それからお茶わんを乗せていった。
□お客さま宅を訪問した際、靴をそろえないであがろうとする。
□訪問した先に傘立てが見当たらなかったのか、びしょぬれの傘を建物内に持ち込んで、床をぬらしてしまった。
□名刺入れをもっていないのか、名刺交換になると定期入れを出し始める。
□名刺をズボンのポケットに入れていて、そこから出して名刺交換をする。

ビジネス常識編

□電話で、お客さまから「支店長を出せ」と言われたので、「支店長、電話です」とだけ言ってそのままつないだ。
□電話を担当者に取り次ごうとしたら、担当者に「いまは都合が悪いから、居ないと言ってくれ」と言われたので、お客さまに言葉どおり伝えた。
□支店長が掃除機をかけているのに新人は何も感じず、あろうことか自分の机の下も掃除させようと、平然と足を上げて「すみませーん」と言った。
□エレベーターから降りるとき、当たり前のように役員より先に降りていった。
□宴席で、上司にお酌させて、一方的に飲み続けていた。
□日報や報告書に、携帯メールに書くような顔文字や（笑）を書いた。

□数字の0と6の違いが判別つかないギャル文字を書く。
□会社のコピー機で私用のコピーを大量にしていた。
□お客さまからお菓子をいただいたが、そのことを言わずに自宅へ持ち帰った。
□上司が指示したら、「面倒くさいなあ」と口に出して文句を言った。
□上司や先輩やお客さまから怒られると、泣き出してしまい、その日は仕事をしない。
□配属された初日に、「私は違う支店にいきたかったのに」と周りにぐちる。
□「今日、娘がカゼをひいたので休ませてください」と母親が電話してきた。
□帰り際、「明日から海外旅行へ行くので休ませてもらいます」と、突然、長期休暇の申請をした。
□朝、だれよりも遅く出勤して、始業時刻のチャイムに合わせてイスに座る。
□研修所の前に、彼氏の車を横付けにして、研修が終わるのを待ってもらっている。
□宿泊研修の部屋でラブラブになっているところを発見した。
□お客さまからみえる仕事机で、ジュースをおいしそうに飲んでいた。
□後輩に教えていると、「うん、うん」「ふーん」「そうなんだあー」と合いの手を入れられた。
□支店長への伝言メモに「支店長さんへ」と書いている。

□「○○はね～」と、自分のことを名前で呼んでいる。
□通勤電車のなかで、同期と銀行の話を大声でしていて、ほかのお客さまから「大変迷惑だ」という苦情がきた。
□研修の講義中、携帯メールをずっとしていた。
□後輩の指導ノートに、「○○を理解しておきましょう」と書いたら、「私は褒められて伸びるタイプなので、褒めてください」と返事を書いてきた。
□注意をしたら、謝るより前に「部長には秘密にしてください」と言われた。
□注意すると「チッ」と舌打ちする。
□椅子に座ったまま執務室内を移動して回る。
□書類徴求要領をよく確認しなかったため不備あり。訂正印をもらわないといけない重要な部分であるにもかかわらず、何とか不備訂正をせずにすまないか粘る
□コピーをするときに気をつけないため、用紙の方向や大きさを間違えて、いつも紙をムダにする。
□支店長が昼食時に話しかけたが終始無言。みかねて注意したら「話題が合わないから」と言った。
□業務後に上司が飲みに誘ったが、「いつも叱られているので、夜まで一緒に時間を過ごしたくありません」と言われた。

業務知識編

□お客さまが記入間違いした書類に、自分の訂正印を押した。
□担保物件の土地の写真を撮ってくるように指示したら、地面しか写っていない写真を撮ってきた。
□A支店に口座があるお客さまがB支店にご来店したが、B支店でもできる手続なのに、A支店に行かせようとした。
□自分のミスでお客さまの有効なキャッシュカードを裁断してしまったうえに、再発行手数料を徴求しようとした。
□当座預金の払出しにこられたお客さまに、普通預金の払出伝票を書いてもらった。
□渉外の営業かばんに私物をたくさん入れていた。
□何度注意しても、円高と円安の違いを間違えてお客さまに説明する。

お客さま応対編

□お客さまからの電話を保留にしないで、受話器を机に置いたままにしたため、お客さまに関する上司とのやりとりがまる聞こえになってしまった。
□「質問がありますというので、わかりやすく説明してあげたら、じっと聞いたあと、席に戻ってお客さまの電話に出た。3分以上電話を保留にしていたようだ。

□「手数料が高いわね」「ずいぶん待たされたわよ」などと、お客さまから苦情を言われても、直接自分に非がないことは、絶対に謝ろうとしない。

□お客さまが話しているとき、話がつまらなかったり、長かったりすると途中で打ち切ろうとする。

□お客さまによって、高圧的だったり、友達のようだったり、態度がまるで違う。

□外回りのお客さまが来店した際、こちらに不手際があって迷惑をかけたことを渉外担当者に報告しないため、トラブルが大きくなった。

□災害が起こったとき、接客していたにもかかわらず、お客さまを避難誘導せず、自分だけカウンターの下にもぐり込んだ。

□お客さまへの話し方が、なれなれしく、友達言葉になっている。

モチベーション編

□新しい仕事を任せようとしたら、「仕事がふえるから嫌です」と断られた。

□水曜日までに仕上げるように頼んだら、火曜日の夜に「できませんでした」と言ってきた。理由を聞くと「水曜日は予定入れちゃってるので休みます」

と言われた。

□覚えが悪いので、ノートに書くように指示したが、自分でもよくわからないままメモしているので、本人に読ませてもサッパリわからなかった。

□お客さまの通帳を記帳ミスで汚してしまっても平気で、また同じミスを繰り返す。

□提出すべき研修課題を、何度注意しても締切当日に上司に提出するため、上司が事前にチェックして指導することができない。

□投資信託の用語を教えていたが、理解しているか不安があった。「理解できているの？」と聞くと「大丈夫です」と言うが心配なので説明させてみたら、まったく理解できていなかった。

終わりに

人生のターニングポイントは、人それぞれです。でも、「あのとき、あの出来事、あの出会いがその後の自分の人生を変えた」というきっかけがあなたにもあるでしょう。

いま、振り返ってみると、私が講師になるきっかけは、実は後輩の一言でした。銀行員2年生のとき、新人の指導係になりました。それは2年生の決まりごとでした。私が受け持った新人は、まさにここに出てきている後輩と同じ。化粧は濃く、遅刻ギリギリに出勤し、何かミスをして注意すると「お姉ちゃま、ごめんなさい」というありさま。そんな後輩が、私の電話応対がとても参考になったと上司に報告したところ、それならばと、社内の電話応対勉強会の講師をやるはめになってしまいました。

当時は、「なんて余計なことを言ったのよ」と思いましたが、その勉強会がきっかけとなり、知らず知らずのうちに講師という道へ踏み出したのです。

後輩との出会いが、あなたにとって素晴らしいものとなりますように願っています。

著者略歴
長塚孝子（ながつか・たかこ）
株式会社 孝翠 代表取締役。横浜銀行出身。窓口係、営業課長、本部で窓口担当者の育成、店頭指導、行内外研修の講師を担当。ダイレクトバンキングセンター グループ長を経て独立。一般財団法人 生涯学習開発財団認定コーチ、JHMA 認定ホスピタリティ・コーディネータ。各種研修、セミナー、執筆等で活躍中。
（著書）
『テラーに贈る 37 のエッセイ〜窓口から銀行を変える』『知っておきたい！職場のルールと応対マナー〜 200%好感度アップの実践マニュアル』『ホスピタリティ・センス〜おもてなしの心の磨き方』（以上、近代セールス社）『図解 金融ビジネスナビ〜金融機関の仕事編』（きんざい）

もうヤダこんな後輩！
先輩のための後輩トリセツ

著者 長塚孝子

2016 年 2 月 2 日　第 1 刷発行
発行者：加藤一浩
印刷所：シナノ印刷株式会社
カバー・本文デザイン・イラスト：植木ななせ

〒 160-8520 東京都新宿区南元町 19
発行・販売：株式会社きんざい
編集部 tel03（3355）1770 fax03（3357）7416
販売受付 tel03（3358）2891 fax03（3358）0037
URL http://www.kinzai.jp/

ISBN 978-4-322-12573-3